河出文庫

レシピとよぶほどのものでもない
わたしのごちそう３６５

寿木けい

河出書房新社

まえがき

２０１０年の秋から「きょうの１４０字ごはん」というアカウントで日々の食卓の写真とレシピをツイートしています。10年の間に、結婚して、子どもを二人授かり、あれよあれよと今ではフォロワー数12万人を超えました。簡単なのにとっても美味しい、食材の組み合わせが斬新、いつ見てもほっとする――そんなコメントに背中を押されて、長く続けることができています。私のレシピがよその台所へ飛んでいき、お役に立っているらしいことが、とても嬉しいです。

こんなふうに書くと、もともと料理が得意で自炊の習慣が身についていたと思われるかもしれませんが、ツイートをはじめた頃の投稿は目も当てられません。もう写真が残っていないのが幸いです。

２０１０年当時、私は編集者として出版社で働いていました。忙しさにかまけて日々の生活をなおざりにし、着ているものや出かける場所は華やかでも、一人暮らしの部屋には寝に帰るだけ。冷蔵庫には水とヨーグルトしか入っていませんでした。公私共に美食三昧、エンゲル係数は天井知らず。そうした暮らしを「充実」とよぶのかもしれないけれど（人生の一時期をそんなふうに過ごすのも悪くないと今は思えますが）、自分がどこか薄っぺらで宙ぶらりんな気がしていました。

家でももう少しまともなものを食べたい。体に染み入るような、温かいものを。学生時代のほうが、お金をかけずに工夫して料理を楽しんでいたのに——暮らしの軸のようなものを求め疼く気持ちを抱えていたとき、『ジュリー&ジュリア』という映画に出会いました。

映画には二人の女性が登場します。1960年代に活躍した料理研究家ジュリア・チャイルドと、彼女の料理本のレシピを365日欠かさず作りブログにアップする現代の平凡なOLジュリー・パウエル。異なる時代を生きた実在の二人の女性が、料理を通して葛藤し、前を向き、居場所を見つけていく物語です。30歳を前にして大きな壁にぶつかるジュリーの姿に共感し、私もなにかはじめてみたくなったのです。

2010年はちょうどツイッターが流行りはじめた時期。ジュリーのように書く場を作れば、〝きちんと食べること〟を習慣化できるのではないか。それからぽつりぽつりと、自炊のレシピを140字で記録しはじめたのです。

2018年に出版社を辞め、現在はエッセイの執筆や料理の仕事のほかに、週の半分は企業にも属し、チームでさまざまなプロジェクトを手がけています。

先日、初めて行った美容院でこんな場面がありました。美容師との雑談のなかで、「どんなお仕事をされているんですか?」と質問されたときのこと。

私は口ごもってしまいました。こんなことも、あんなことも、なんだか色々やっているんですけど……とうまく説明できないのです。と同時に、説明できないことにわくわくしたのです。

会社名と役職を言ってしまえば、話はそこで終わりでしょう。でもそれは、誰かに取って代わられる可能性がある仕事です。代えがきかない仕事をすること——私がずっと憧れてきた働き方に近づいていることにふと気がついて、嬉しくなったのです。

SNSを使って個人が発信し、それが仕事、さらには収入につながっていくパターンは今では珍しくありませんが、私の場合、その扉を開いてくれたのは、食卓にのぼった毎日のご飯でした。

私は熱心に料理学校に通ったり、調理にたっぷり時間をかけられたりするスーパーマンではありません。旬のものをちょっとした工夫で美味しく食べたいと思っている一人の女性に過ぎないのです。そんな私が、これまで記録してきたレシピのなかから厳選し、一冊の本にまとめる機会に恵まれました。

この本に登場するのは、あるときは自分のために、またあるときは友達や家族のために作ってきた普通のご飯の記録です。だから、ちょっと不思議な組み合わせや、100%の出来映えではないものもあります。でも、あえて手を加えずにそのまま掲載しました。簡単なのにどこかはっとする美味しさや面白さがある、お気に入りばかりです。

では、ジュリアの有名な台詞ではじめましょう。

「ボナペティ（めしあがれ）」！

料理をする前に①

献立は怖くない
～レシピを決める3つの視点～

どうやって献立を考えているんですか？　一番多く聞かれる質問です。そのたびに「なんとなく、かな？」と歯切れ悪く答えてきました。

日本中が「献立作り」に悩んでいます。料理が苦手という人のなかには、複数のレシピを同時に考えるのが苦手という方が多いのではないかと思います。調理自体はむしろ好きだったりして。私もその一人でした。しかし日々の料理を記録するうちに、さまざまな選択肢から最適な一手を手早く探し完成までもち込める〝料理筋〟は着実に発達したと感じています。本を出すにあたり、「なんとなく」の背後で起きていることをきちんと言葉にしてみました。私なりの献立作り3つの視点をご紹介します。

旬の食材を手に入れる

旬の食材は、調理への意欲をかき立ててくれます。しかも安い、新鮮、栄養たっぷり。スーパーの真ん中でちやほやされている一角や、人が集まり盛況なコーナーに旬の食材はあります。海にも四季があります。魚屋の店頭の移り変わりを見るのも楽しいものです。レシピ本でゴーヤチャンプルーを見たからといって、2月にゴーヤを探し回る必要があるでしょうか？　売り場（現場）に勝るレシピ本はありません。

器と食材が、料理を決める

発想の転換のお話。まずテーブルやお膳にその日使いたい器を並べてしまいます。器とキッチンにある旬の食材を頭のなかでシャッフル。たとえば、この皿に豚肉をのせて、白い小鉢には葉野菜のさっぱりしたものがほしい、この皿には昨日のきんぴらごぼうの残りを……器を通して、作りたい料理がだんだん見えてきます。

味付け、調理法、食感の調和

料理を決めるのと同時に、頭のなかで味付け、調理法、食感のバランスを点検します。醬油味ばかりじゃない？　コリコリしたものばかりでは？　揚げ物が多くない？　レストランではないから、完璧でなくていい。でも少しの工夫で、食卓がぐんと充実します。

この3つの視点を毎日腕組みして熟考しているわけではなく、通勤電車のなかで、洗濯物をたたみながら、あいた時間にぼんやり頭のなかに漂わせています。だから、献立というと少し堅苦しい。「今日なに食べよう？」そんな〝思いあぐね〟がしっくりきます。

料理をする前に②

献立にはお膳がきく
〜〝枠〟が発想をやわらかくする〜

買って良かったもののひとつが、お膳です。大家族で食卓を囲む賑やかな子ども時代を過ごしたせいか、一人ぶんの食事がお膳に小綺麗にのせられている様に憧れがありました。

夕食の支度をはじめようとしたある日のこと。気に入ったお膳に「今日はこの器を使いたいなあ」と試しに並べてみたところ、この平皿には肉をさっと焼いて、小鉢にはくずれやすいひじきの煮物、黒いお椀には白が映えるから、かぶのポタージュを入れてみようか……と完成図がイメージできたのです。器を制限する（枠を設ける）ことで、かえってアイディアがなめらかに出てくることにハッとした瞬間でした。まさにお膳立て。SNS時代ならではの発想の転換かもしれません。

最終的に額縁となって料理を飾るのは器です。せっかく上手に炒め物ができたのに、平皿が足りなくて結局スープボウルに盛る羽目に……なんて不本意な仕上がりは避けたいものです。器から献立を組み立てていく方法、ぜひ試してみてください。

お膳の活用例

上の木のお盆は友達からのプレゼント。一人で軽く昼食をとるときなどに。右下は「春慶塗」。ハレの日だけではなく普段から漆のお膳を使いたくて、予算に合うものをずいぶん探して6枚購入。左はマホガニーをくり抜いた丸いお膳。合羽橋で見つけた。朝食に毎日活用。

料理をする前に③

頭のなかに献立マトリクスを
～味、調理法、食感を調律する～

どの器にどんな料理を盛るかだいたい決めたら、次は味付けと調理法、そして食感をととのえます。

まず味付け。濃、薄、酸、辛、甘、塩、苦……たくさんの選択肢があります。サバの味噌煮と豚汁だと味が似てしまうので、サバは塩焼きにしよう、というふうに、まず味の重なりをなくします。いっぽう豆腐のお吸い物にほうれん草のお浸し、白身魚の蒸し物だと少し物足りない。だったらお浸しをナムルに変えてみようか、といった具合です。

次に調理法です。よく登場するのは焼く、ゆでる、煮る、炒める、蒸す、揚げるくらいでしょうか。揚げ物ばかりだとカロリー過多で栄養バランスが悪いし、煮物ばかりだと単調。献立のなかに最低ふたつの調理法があったほうが食べていて楽しいと思います。

最後に食感や喉ごし。イカとセロリの炒め物に、大根サラダ、人参のぬか漬けだと、アゴが痛くなりそう。じゃあ大根はすりおろしてみぞれ汁にしようかな？　などと修正します。

あとは色あい。緑、茶色、赤などさまざまな色が並べば完璧なのでしょうが、家庭料理ではそこまでこだわらなくてもいいかな、というのが正直なところ。献立マトリクスも絶対のルールではなく、気の向くままにアンバランスさを楽しむこともまた、自炊の面白さだと思います。

味付けの選択肢

Aはどうしても塩分、糖分、油分のいずれかが多く、Bはヘルシーだけど、マンネリになりがち。これを解決してくれるのがCの飛び道具。ここが充実すると、レシピの幅が広がる。

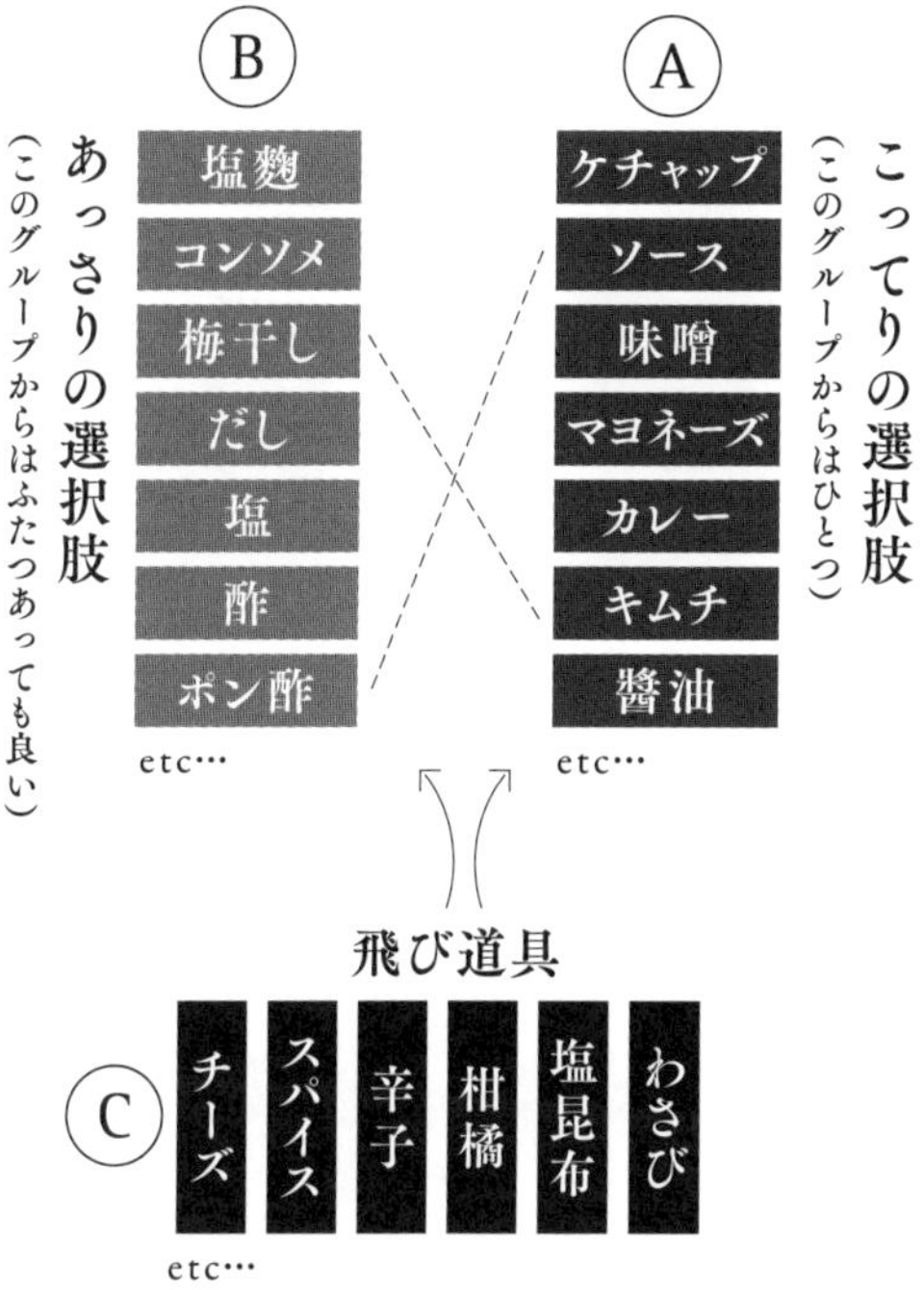

Ⓐ こってりの選択肢（このグループからはひとつ）
ケチャップ
ソース
味噌
マヨネーズ
カレー
キムチ
醤油
etc…

Ⓑ あっさりの選択肢（このグループからはふたつあっても良い）
塩麹
コンソメ
梅干し
だし
塩
酢
ポン酢
etc…

Ⓒ 飛び道具
わさび
塩昆布
柑橘
辛子
スパイス
チーズ
etc…

献立マトリクス

メインおかずがA－2ゾーンだったら、B－1の副菜を組み合わせる。逆にB－2がメインだったら、A－1の副菜を組み合わせるなど、対極のものを献立にとり入れると良い。

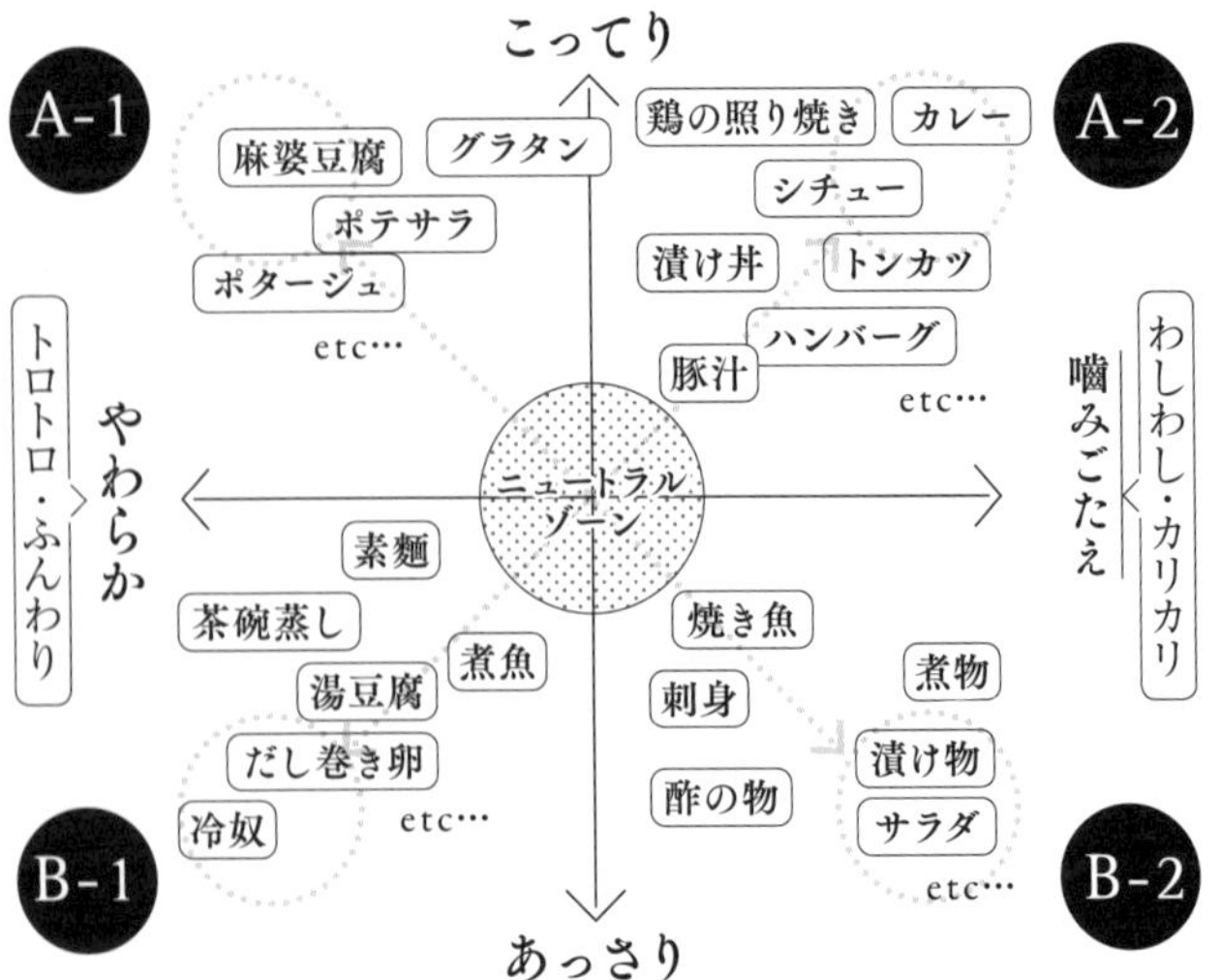

※中央のニュートラルゾーン

メインのおかずは味が強くなりがち。そのぶんおから炒り煮、切り干し大根煮、高野豆腐の煮物、煮豆、白和えなど、ニュートラルな味の副菜のレパートリーをたくさんもつと味の強弱のバランスがとりやすい。

料理をする前に④

段取り上手は火を制する〜調理にまつわる5つのステップ〜

最後に段取りです。料理が決まったら、仕上がりまでの手順を頭のなかで組み立てつつ、もう体は動き出しています。段取りは次のページの「基本の段取り」に集約され、これらを着実にこなしていくことが、調理という日々の営みの大部分ではないかと思います。

まず②の火の見張りがどの程度必要かによって、時間配分が変わります。炒め物のように火に手と視線を独占されがちなレシピより、煮物や蒸し物、炒め物と煮物の間のような〝さっと煮〟などある程度ほったらかしておける料理のほうが、段取りに組み込みやすい。刺身の漬けのように、④だけで完成する一品も、忙しい日には助けられます。

鍋などは①に時間はかかっても、次の②は見張っている必要はありませんから、その間に④で酢の物を作ったり、⑤をします。忙しいときは③と④だけという日もあります。

加えて、段取りの工夫というと、私は朝10分の「ちょい仕込み」を大事にしています。朝食を作るついでに野菜を刻んで密閉袋に入れておく、豆腐の水きりをする、肉に下味をつけておく、など①を可能な限り済ませてしまうのです。レシピによっては②も済ませてしまうことも。このひと手間で、夜の調理がどれほどラクになることでしょう。

基本の段取り

①作業台

食材を洗う、皮をむく、切る、戻す、素材に下味をつける、など。同じ作業は一度に済ませる。

②火／ガスコンロ

ゆでる、煮る、焼く、炒める、蒸す。調理の大部分がここで行われる。

③火／その他

ガスコンロの魚焼きグリルや、レンジ、オーブン調理がここに入る。

④火を使わない調理

刺身の漬け、サラダ、酢の物、漬け物、塩もみなど。

⑤片付け

①〜④をしながら片付けもしているので、食べる頃には作業台はきれいな状態。

ある日の段取り（30分で晩ご飯）

メニュー

・ほうれん草と人参のごま和え
・インゲンと卵のお吸い物
・まぐろの漬け丼めかぶ添え

1 土鍋でご飯を炊きはじめる（朝、お米を洗って30分水に浸し、水気をきってから密閉パックに入れて冷蔵庫へ）。

2 コンロ1でお吸い物用のだしを沸かす。コンロ2でごま和えの野菜とお吸い物のインゲンを下ゆでするための湯を沸かす。

3 ボウルに調味料を合わせ、買ってきたまぐろの刺身を漬ける。

4 まな板で人参を刻む。インゲンの筋をとる。

5 コンロ2で人参、ほうれん草、インゲンの順にゆでる。野菜は水にとってからざるにあげる（コンロ2はここでいったんあく）。

6 5の野菜をゆでている間に、ごま和えの和え衣を作り、酢飯用に酢と砂糖と塩をレンジで温めて砂糖をとかしておく（この間3分。ほうれん草とインゲンをゆですぎないようコンロ2をちら見）。

7 ほうれん草を刻んで、人参と共にごま和え衣と合わせる（場所をとるまな板はここで片付けてしまう）。

8 そろそろご飯が炊ける頃。6の酢飯のもとを混ぜ、まぐろの漬けをのせる。スーパーで買っためかぶを添える。

9 コンロ1のお吸い物用のだしを少し小鍋（コンロ2）に移し、子ども用にまぐろをさっとゆがいてツナにする。

10 コンロ1の鍋にインゲン、溶き卵を入れてお吸い物を作る。

目次

レシピとよぶほどのものでもない

わたしのごちそう365

4月

走りの筍（たけのこ）がうまく炊けたら
春の滑り出しは上々。
小さな台所で食べるには
もったいないくらいの
清々しい水と土の香りに
じっとしてはいられない質、
「外で食べよう」
友達を芝生に誘った。
帰路にくしゃみひとつ。
春はまだつぼみだったか。

鶏筍弁当

友達との待ち合わせは、代々木公園。うんと美味しいものを食べながら、平日の午後を芝生で過ごすという贅沢を、一度やってみたかった。

お弁当には好きなものだけを詰めた。まず、前の晩に作った筍と鶏の旨煮（P22）の汁がほぼなくなるまで煮詰める。油を少しからませ、冷めても味が落ちないようにコクを出してご飯にのせる。

おかずはさつまいも八角煮を二切れ、菜花辛子和え、大きなだし巻き卵をひとつ。それから、きんぴら。真ん中の仕切りにしたのはゆでた筍の皮だ。

鶴の風呂敷でお重をくるみ、亀の手ぬぐいで箸を包む。めでたすぎる組み合わせだけれど、なんてことない日こそ祝いたいのだ。

筍の煮物

鍋に下処理（包丁で切り目を入れ米ぬかと鷹（たか）の爪とたっぷりの水で1時間ゆでる）をして皮をむき刻んだ筍、昆布とかつおのだし、酒、薄口醬油、塩少々を入れて火にかけ、沸いたらアクをとり弱めの中火で15分ほど煮る。汁は少し多めに作り筍ご飯にも使う。

筍ご飯

米2合は洗ってざるに20分あげておく。前日の筍の煮物の汁に、昆布だしを足して2合分の汁量にする。厚手の鍋に米と汁を入れ、刻んだ筍をのせて通常の白飯と同じように炊く。

筍と鶏の旨煮

鍋に筍（米ぬかと鷹の爪で下ゆで済み）、骨つき鶏もも、水、酒、みりん、醤油を入れ火にかけ、落とし蓋をして30分ほど煮る。ほか、グリーンピースご飯、新玉ねぎのせ冷奴、ジャンボインゲンと蓮根の昆布マリネ、水菜とえのきのお吸い物。

人参だけのパスタ

一人1本使用。人参は皮ごと5㎜幅の輪切りにし、厚手の鍋に重ならないよう敷く。水をひたひたよりちょっと少なく加え、やわらかくなるまで蒸し煮にして、マッシャーでつぶす。オリーブ油、バター、塩でととのえ、パスタと和えてパルミジャーノをかける。

新じゃがとブロッコリーの温サラダ

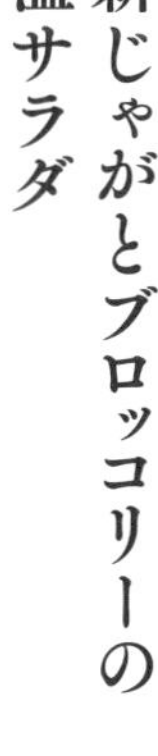

新じゃがはスプーンで皮をむき4等分して蒸し器へ。7〜8分蒸したらブロッコリーを加えてさらに2〜3分蒸す。ブロッコリーの茎のところも厚く皮をむいて一口大に切る。オリーブ油、塩、こしょう。

アボカドとみょうがレモン醤油で

アボカドにレモンをたっぷりしぼり、みょうがを散らして醤油をかける。知り合いのスタイリストさんに教えてもらったレシピ。ほか、舞茸と山芋のお吸い物、昨日のさつまいものごま味噌炒め。

セロリだけの春巻き

セロリの筋をとり薄切りにし、葉も粗みじんに刻む。フライパンにバター、クミンシード、塩を熱し、香りが立ったらセロリを加え軽く炒める。味を見て、足りないようなら塩を加えここで味を決めておく。春巻きの皮で包み、油（深さ1㎝弱）をひいたフライパンで焼き揚げる。

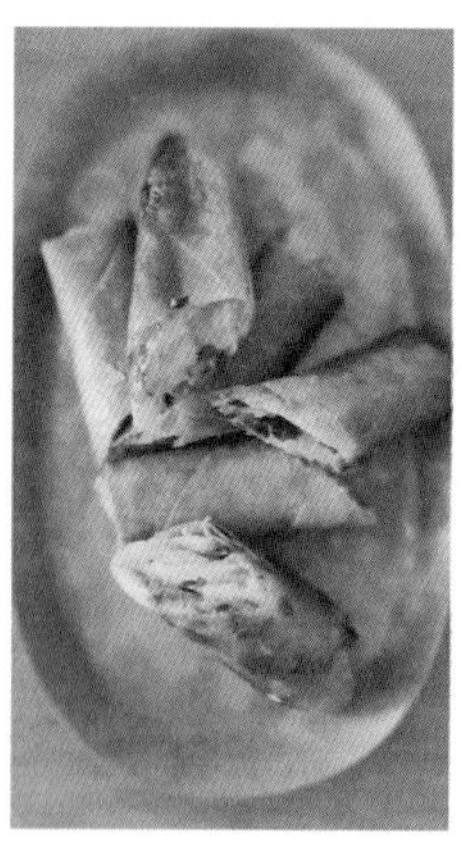

しめサバとトマトのお寿司

ご飯に寿司酢を混ぜ黒ごまをふり入れ、魚屋で買ったしめサバと刻んだトマトを混ぜるだけ。大葉があればなお良かった。ほか、レンジで1分温泉卵、キャベツと舞茸の味噌汁、人参と小松菜の白和え。

塩蕎麦

昆布をたくさん使って濃くひいただしに、塩のみ。少しとろみのある冷たい汁に蕎麦をつけて食べる。先日行った和食屋で出されていたのを真似て作った。ほか、芹としらすの卵とじ、冷奴の鶏そぼろのせ、ごぼうと人参のごまサラダ。

新じゃがと牛肉煮

新じゃがは流水の下でスプーンのふちでなぞると皮がむけツルツルに。鍋に油をひいて肉を炒めいったんとり出す。油を足し、いもを炒め、水を注いで落とし蓋、10分煮る。汁を半分以下に煮詰め醬油とみりん。調味料は少なめでじゅうぶん。肉を戻し鍋を大きく揺する。

五目野菜の蒸し焼き

鍋にオリーブ油を熱しごぼう、人参、玉ねぎ、さつまいもを炒め、塩ひとつまみをふり、蓋をして15分蒸す。インゲン、アスパラを加えさらに5分。焦げ防止に時々混ぜる。白ワインビネガー少々を加え、鍋肌についた旨みをこすりとるように混ぜる。

ボロネーゼ

牛ひき肉1kg仕込んだ。鍋Aにオリーブ油をひき、みじん切りにした玉ねぎ、人参、セロリを塩、こしょうで炒める。鍋Bでにんにくとひき肉（塩、こしょうで下味）をじっくり焼きつける。AをBに加えトマト缶、赤ワイン、ローリエ、オレガノ、顆粒コンソメを加え1時間煮込む。

牛肉しぐれ煮

鍋で牛肉切り落としと酒を炒りつけ、色が変わったら肉をいったんとり出す。鍋に砂糖、醬油、みりんを加え、アクをとりつつ半量になるまで煮詰める。肉を戻しせん切り生姜を加え、煮汁を吸わせるように炒めたら火を止める。

サーモン塩麹焼き

朝のうちにサーモンに酒をふり塩麹をまぶし、夜は焼くだけ。ほか、白和えは人参と小松菜。グリーンピースご飯。卵とトマトのスープはトマトを湯むきしてひと手間。子どもには酸っぱいので、砂糖をほんの少し加えて角をとるのが私なりのコツです。

かつおのマスタード漬け

酒とみりんを1対1で煮立て、醤油2を加えた漬けダレに、粒マスタードを加えてかつおのたたき（魚店で買ったた）を10分漬けた。わらの香りとマスタード。ほか、スティックブロッコリーと桜海老の炒め、焼きちくわともずくの酢の物、里芋の納豆汁。

タラとじゃがいものグリル

フライパンにオリーブ油を熱し、塩をふったタラとじゃがいもを焼く。タラの皮はカリカリに焼き、火が通ったらとり出す。同じフライパンで、粗くおろした玉ねぎとバター、オイスターソース、醤油を炒め、皿に敷いてうえにタラをのせる。

おかかと一味の両面目玉焼き

30秒でできるもう一品。ごま油をひいて目玉焼き。強めの中火で輪郭をカリカリに焼く。ひっくり返しておかかと一味ぱらり。ほか、ねぎのカレー煮、五目豆。

鶏の竜田揚げ

皮つき鶏ももは一口大に切り、おろしにんにく、塩、こしょう、醤油、ごま油の順にもみ込み30分おく。皮は広げ丁寧に。軽くふき片栗粉をまぶす。鍋に2㎝の深さに油を注いで180度に熱し、皮を下にして蓋をして3分半、裏返して3分半揚げる。

ニラたっぷりお焼き

　薄力粉に刻んだニラをたっぷりと、卵、塩ひとつまみ、醬油、水ほんの少しを加えて混ぜる。フライパンに広げて焼き、おかかを散らす。ほか、粉吹きいも、豆腐と三つ葉のお吸い物、ひじきと高野豆腐の煮物。母と昼餉(ひるげ)。産後久々に台所に立った。

ピーマンのくたくた煮

　テフロンのフライパンでピーマンをコロコロ転がしながらじっくり焼く。そこに塩蕎麦（P25）の残りの昆布だしと塩を加え、蓋をしてくたくたになるまで煮る。最後に香りづけに醬油。種までやわらか。まるごと食べる。

トマトのポワレ

　フライパンにオリーブ油をひき、横半分に切ったトマトの断面を下にし並べる。塩をふって蓋して、中火で15分。最後に卵を落とし、鍋ごと食卓へ。アラン・デュカス氏の真似からはじまったけど、家では作るたびに簡略化され今では塩のみ。スープはパンに浸して食べる。何回作ったかわからないほど大好物。

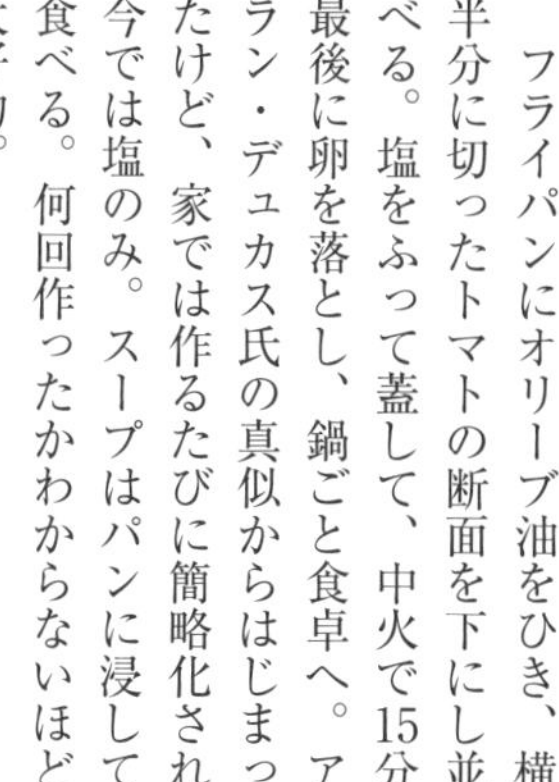

人参のクミンサラダ

　人参1本はせん切り。薄く塩をしてもみ、ボウルに入れてラップ、レンジで1分加熱。扱いやすくする。熱がとれたら水分をしぼる。酢大さじ2弱、粒マスタード小さじ1弱、蜂蜜小さじ1、塩小さじ½、オリーブ油小さじ2をよく混ぜ人参と和える。最後にクミン。好きすぎて味見で完食してしまいそうになる危険。

塩豚と葉にんにくの混ぜご飯

塩をまぶしラップで包み2日おいた豚ヒレ。朝のうちに180度のオーブンで40分焼く。帰宅後、炒めた葉にんにくと卵、ご飯と合わせる。炒飯は調理中気が抜けないので幼子家庭の夕餉(ゆうげ)には厳しい。よって混ぜご飯で。

レモンのゼリー

ゼラチン5gを熱湯50ccでふやかす。鍋に水150cc、きび砂糖好量を煮立てて火を止め、粗熱がとれたら、ふやかしたゼラチンとレモン汁大さじ1強を加える。レモンのスライスとミントを浮かべて冷蔵庫へ。1歳の子どももぱくぱく食べた。

暮らしの話①

人場（キッチン）一体を目指して〜家事の工夫、料理のコツ〜

子持ち共働き夫婦の日常はクロールに似ています。ラクな息つぎと体力を無駄に消耗せず長く泳ぐコツを身につけ、ふととなりのコースを見やれば相手も相手なりの泳法で前進している。二人が優れたスイマーであれば、一人で嫌々とり組むと1時間かかる家事も、半分どころか20分で終わらせることができます。だいの大人が本気を出せば、家事にもトランス状態は訪れるのです。

我が家ではトランス状態のために活用しているものがいくつかあります。乾燥機つき全自動洗濯機、コードレス掃除機、宅配サービス（パルシステム）、食洗機（以上導入順）など、どれもとり入れて本当に良かったものです。1日おきに洗濯機と乾燥機をタイマーでセットし、朝起きたらタオルも服もふかふか。子どもたちが起きてくる前に、3分でたたんでしまいます。朝1分の掃除機がけで、目につく床や階段はいつもきれい。家族四人ぶんの食器に加えて鍋やボウルまで洗える大容量の食洗機のおかげで、コーヒーをゆっくり飲む時間ができました。宅配サービスは家族の胃袋と健康を支えてくれていて、今やなくてはならない存在。多くの人にとって、これらを利用しない背景にあるのは経済的な理由よりも、「怠けている」という自責の念ではないでしょうか。

仕事がピークの時期に一番気がかりなのは、食事のこと。自分だけなら卵かけご飯もありですが、生後2年で体重が4倍に成長する小さな子どもはそんなわけにはいきません。私は時間がない日はタンパク質、炭水化物、ビタミン、ミネラルが一度にとれる具沢山の雑炊やお焼きと決めています。「こんなものしかなくてごめんね」と後ろめたく感じるのではなく、「栄養たっぷりで美味しいね。お母さん天才かも」と自画自賛してテーブルを囲みます。食卓の雰囲気を作るのは、調理した本人です。不機嫌な顔で完璧な料理を並べるより、「いい加減でいいから、楽しく元気でいてね」。結婚当初夫から言われた言葉です。

定番のレシピをもつ以外にも、機嫌よく料理をするためには調理中の小さなストレスを丹念につぶしていくこと。たとえばデザインは気に入っているけど扱いにくい調理器具、探し物がすぐに見つからない収納配置……違和感をもつ箇所は改善するなり、場合によっては切り捨てる。私はある日ふと生ゴミの三角コーナーを「これ必要かな?」と思い、処分してしまいました。キッチンは長い時間を過ごすコックピット。人場一体の快適な場所にするために、自分の快・不快をよく見つめてみてください。

えらそうに書いていますが、じつは私の得意分野は料理だけ。料理以外は夫のほうが速い、正確、きれい。家事をラクにする究極の方法……勘の良い方はおわかりですね。夫選びのレシピについては私は門外漢です。

暮らしの話②

宅配さまさま

子どもが生まれたことをきっかけに、「離乳食作りに便利なものが充実しているから」と友人にすすめられて「パルシステム」に加入しました。配達は週1回木曜日。食品以外に洗剤やトイレットペーパーなどの消耗品も届けてもらい、今では宅配サービスがないと共働きの暮らしが成り立ちません。

食材については毎日食べるもの（卵、納豆など）と有機農法野菜の詰め合わせを自動配達設定にして、頼み忘れがないようにしています。クライマックスは野菜ボックスを開ける瞬間。「もう菜花の季節か」「わぁ立派なアスパラ！」……みずみずしい野菜がこぼれんばかりに詰め込まれ、まさに宝の山。農家の方が毎回同封してくれる、有機農法の現状から世界の食糧事情までを綴ったお便りも楽しみにしています。仕事で疲れて帰ってきても、水を得た魚のようにまた料理したいと思える。髪をまとめて、よっしゃと割烹着に腕を通すのです。

宅配食材の保存

① 下処理して保存

生で食べる野菜以外は、すぐ下処理をする。とくに冬場は緑の葉ものの彩りは貴重。洗ってさっとゆでる、刻んで塩もみする、炒めてふりかけにする、ごま和えを作るなど、なるべく早いうちに火もしくは塩を加えておく。

② 常温保存

夏場以外は、基本的に冷蔵庫の野菜室には入れない。2~3日で使いきってしまう。築地カゴに入れ、家のなかで一番涼しい玄関においている。宅配の食材は木曜~日曜でだいたい消費してしまうので、日曜に買い物に行き月曜~水曜の食材を調達する。

③ 冷凍保存

2段ある冷凍庫はひとつがご飯や野菜用。もうひとつは肉や魚に分け、食品はブックエンドを利用して立てて並べる。1週間で使いきれる最低限のものと、体調不良などいざというときのためにレトルトの主菜を1~2種類。買いすぎないようにしていて、スペースにはなるべく余裕をもたせている。

5月

所在ないゴールデンウィークを
見透かしたように
山の菜がどっさり届いた。
重曹探して湯を沸かし
洗ってゆでて塩してもんで。
急げ急げ、もはや事件。
前だけ向いて飛び出した
故郷の里山の匂いを逃すまい、
400㎞離れた都会で吸い込む。
ここには裏山などない。

アスパラと昆布の塩お浸し

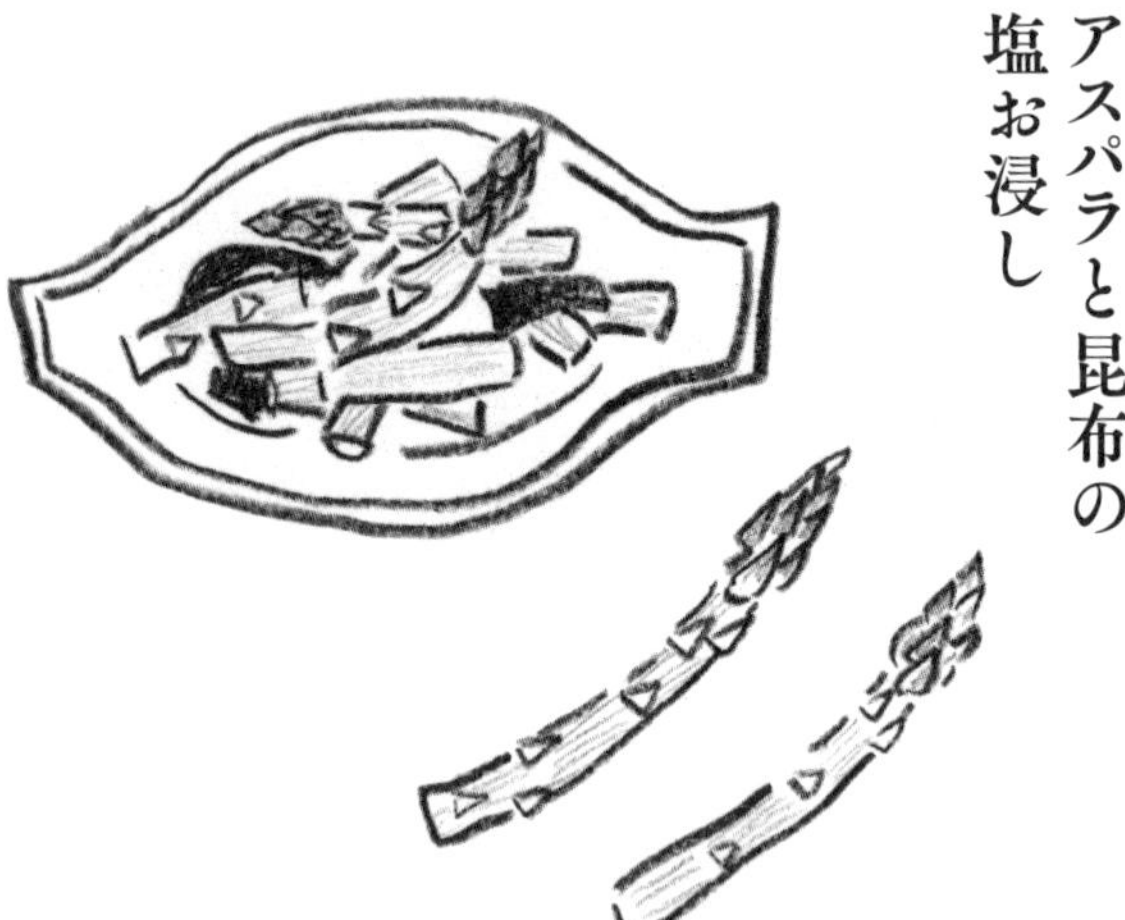

富山の人は、なんでも昆布で締めるふしがある。しめしめ、ごちそうが食べられるぞ——こう思って腕が鳴るのは、鯛（たい）に代表される白身魚にかぎったことではない。

春を告げる野菜だって、昆布と合わせればぐんと味わいが増す。

水をかけてひと晩ふやかしておいた昆布を、細く刻む。アスパラはさっと塩ゆでして、刻んだ昆布、ねばねばの戻し汁に塩を混ぜた汁につけて数時間おく。醤油は入れないのがコツ。磯の香りだけで進める。

ねばねばの塩衣をまとったアスパラは、噛めばポキンと音が鳴り、昆布の香りが鼻を抜ける。故郷の昆布締めをヒントにして生まれた、清冽なお浸しである。

スティックブロッコリーのフリット

ボウルに卵白を泡立てメレンゲを作る。別のボウルに卵黄、薄力粉、冷水、塩ふたつまみを混ぜ、ここにメレンゲを加えてさっくり混ぜる。長さを半分に切ったスティックブロッコリーと玉ねぎをくぐらせ170度の油で揚げる。

アジのちらし寿司

3枚におろしたアジは塩をふり、酢洗い。米酢、砂糖、塩で合わせ酢を作り、酢飯とアジの酢じめの両方に使用。アジは3時間漬けた。酢飯にはらっきょう甘酢漬け薄切り、生姜、塩もみきゅうり。休日なので少し手の込んだものを。アジは一人1尾。

塩そぼろのレタス包み

鍋に油と生姜を熱し玉ねぎみじん切りを炒め、しんなりしたら鶏ひき肉、塩、酒、塩麹、こしょう、ナンプラーを足してさらに炒める。大葉と海苔と共にレタスでくるむ。端午(たんご)の節句の食事会ののち、日も高いうちから二次会。

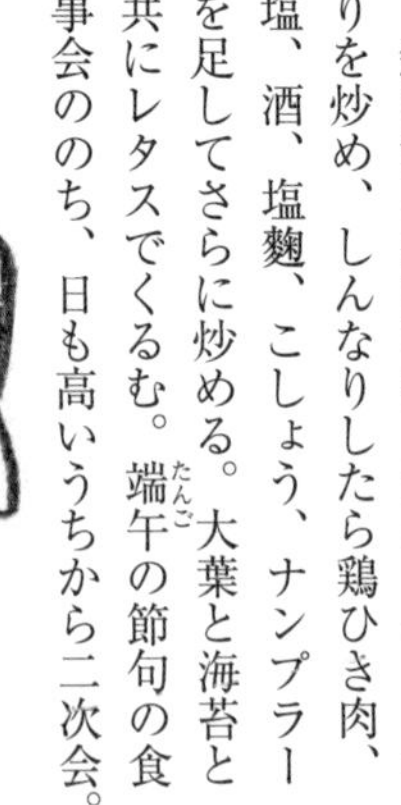

うどとハムのかき揚げ

うどは食べやすく切って塩をひとふりし、手で和えてしばらくおく。水分が出てじんわりしてきたら、ハムを手でちぎって加え、薄力粉と片栗粉をまぶし、箸でさっくり混ぜ合わせる。ひと口ぶんつまんでは油で揚げる。

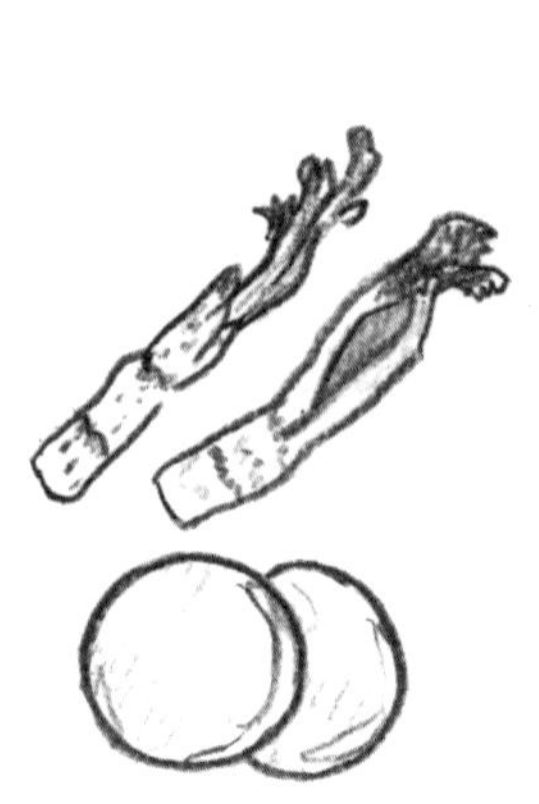

こごみのごま和え

すり鉢で白ごまをよくあたり、みりんと醤油、砂糖少々を加えてよく混ぜる。熱湯で2~3分さっとゆがいて冷水にとったこごみを加えて和える。

なめたけ

えのき2束（200g）は長さ半分に切り、みりん大さじ1と½、醤油大さじ1と共に火にかける。ふつふつ沸いたら蓋をはずし、中火で4~5分煮詰める。たくさん作って保存、白いご飯にのせたり酒の肴(さかな)に。

青柳ときゅうりの二杯酢

刻んだきゅうりに軽く塩をしてしばらくおき、ギュッとしぼる。青柳(あおやぎ)を合わせて一度さっと酢洗いして、再度軽くしぼる。醤油と酢を1対1で合わせ、きゅうりと青柳を和える。ほか、桜海老と玉ねぎかき揚げ、富山の山菜こしあぶらの天ぷら、ごぼうサラダ。

冷たい和風ラタトゥイユ

玉ねぎ、人参、ズッキーニなどの野菜を塩、こしょうで炒め、しんなりしたら、湯むきしたトマトを手で握りつぶして加える。トマトと野菜の水分だけでコトコト煮る。白だしと醤油少々で味付けし、冷やして大葉を散らす。

かますご飯

立派なかますが1尾300円。薄く塩をふって半日おいた。一度洗って、再び強めに塩をして焼く。ふっかふかの身をほぐしてご飯に混ぜ、海苔と実山椒（みざんしょう）佃煮を散らす。この食べ方だと小さいひともたくさん魚が食べられる。ほか、インゲンと人参のごま和え、大根と油揚げとえのきのお吸い物。

鯛と山椒の寿司

鯛の柵に薄く塩をふって、一晩ラップでくるんでおいた。薄くそぎ切りにして酢飯にのせ、実山椒の佃煮を散らす。仕事で嫌なことがあった夫を元気付けたくて作った。

トマトとチーズの焼き飯

土鍋に昼のご飯が残った状態で弱火で鍋を温め、チーズを入れて、しゃもじでジュウッと押しつけるようにして焼き飯に。ほか海老シュウマイ、そら豆とこんにゃくの白和え、新生姜と大根と松山揚げのスープ。

新じゃがフライ

新じゃがは洗って皮つきのまま一口大に切る。水気をよくふき、ローズマリーとつぶしたにんにくと一緒にフライパンにぎっしり並べる。サラダ油を2㎝の深さに注いで着火、弱火で火を通す。途中ひっくり返しつつやわらかくなるまで揚げ、塩をふる。

豚ばらのバルサミコ醤油煮

鍋で豚ばらをこんがり焼き、塩、こしょう。出てきた脂をふく。醤油とバルサミコ酢を1対1で加え煮からめ、湯むきトマトのざく切りを加える。以前中華料理店で食べた黒酢とスペアリブを、家ではバルサミコとばら肉で。ご飯が進む。

焼き茄子とみょうがのお吸い物

即席朝食。魚焼きグリルでしっかりめに焼いた茄子、細く切ったみょうがを椀に盛り、塩と醤油で味付けした熱々のだしを注ぐ。GWはもう嫌になるくらいアメリカンなご飯を食べたのでこういうものがしみじみ美味しいです。

ねぎ塩

葉ねぎの小口切りに、ごま油、炒り白ごまを加えよく混ぜ、味を見ながら塩を加える。保存容器に入れ、冷蔵庫で一晩以上馴染ませる。冷奴にのせたり焼いた肉で巻いたり納豆に加えたり、なにかと重宝する。

酢大根おろし

大根おろしと細かく刻んだきゅうりに醬油と酢をたらり。驚くほど食欲なし……。「夜は大根、朝生姜」と漢方医に教わって作る。レシピというほどのものではない。ほか、花豆の煮たのと、ご飯。

レタスのにんにく炒め

フライパンでごま油とつぶしたにんにくを炒め、食べやすくちぎったレタス、鶏ガラスープの素、塩少々を加え強火でさっと炒める。水分がたっぷり出るので献立の汁物代わりにもなる。

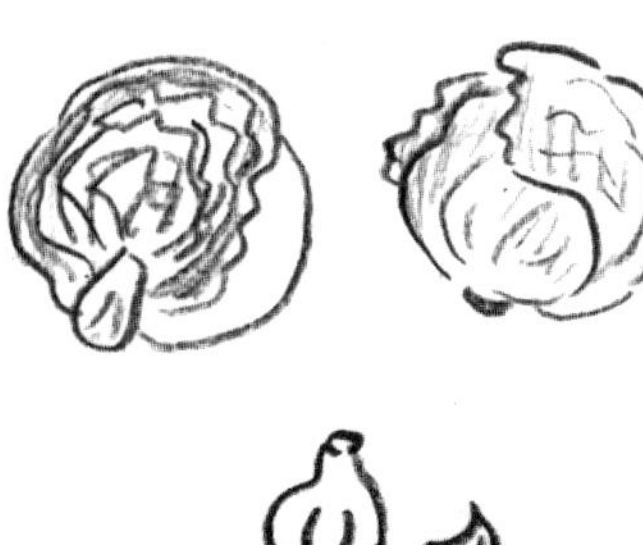

ごぼう香り揚げ

ごぼう2本はよく洗い5㎝幅に切る。水にさらし、水気をふき片栗粉をまぶし、油で3分揚げる。醤油とみりん各大さじ2、てんさい糖大さじ1をレンジに1分かけ、揚げたてのごぼうをからませごまをふる。ほか、サバの塩焼き、ほうれん草お浸し、きのことみょうがのお吸い物。

ほろほろイワシのせ素麺

冷たい汁をはった素麺に、イワシとみょうが。イワシはたっぷりの新生姜と一緒に圧力鍋で20分炊いて、骨までやわらかく。まとめて作っておいた。ほか、ほうれん草とツナの卵とじ（大人は一味をかけて）。

鶏もも塩焼き

鶏もも肉は常温に戻して塩、こしょうし、油をひいたフライパンで皮目から焼く。皮はヘラで押しつける。ひっくり返したらアルミホイルをのせ、熱を回して水気を飛ばす。ほか、トマトとしらすの炊き込みご飯は最後にみょうがを散らす。

焼き海苔と柚子こしょうのパスタ

@korekorecheesyさんのツイート【焼き海苔を煮溶かし、生クリーム入れ、煮詰めてトロミを出し、柚子胡椒を好きなバランスで入れて、味を整える】を見て作る。美味しい‼　ペンネがなかったのでスパゲッティ、生クリームは薄力粉＋バター＋牛乳で代用。

新じゃがの塩昆布バター

皮をむいたじゃがいもに十字に包丁を入れキッチンペーパーで包み、濡らして、ラップで包んでレンジへ。5～6分でホクホクに。熱々のところをぱっくり割って無塩バターと塩昆布をのせる。これ、すごく美味しかったです。

煮干しと椎茸の汁麵

頭とワタを除いた煮干しと干椎茸を一晩水につけ、温めてだしをひく。酒、塩を加え、香りづけに醬油少し。うどんを加え再度沸いたら溶き卵。煮干しも食べる。子も汁を美味しそうに飲んだ。ほか、さつまいも甘煮、トマトとひじき塩麴和え。

暮らしの話③
ある日のスケジュール

朝

5:30 起床（出かける3時間前）
まずラジオをつける。テレビは目を独占されてしまうので、15年以上ラジオがメインの生活。白湯を飲んだり、スマホでニュースをチェックしたり。夫もこの時間に起きて、読書、植物の手入れ、アイロンがけなど、自由に過ごす。

5:50 身支度
子どもたちが起きる前に洗顔、スキンケア、メイクなど自分の身支度をすべて済ませる。

6:10 朝食作り
朝食は私担当。この間に夫は洗濯物をたたむなどの家事をする。

6:30 子ども起床
着替えさせて、顔をふく。

7:00 朝ご飯

7:30 フリータイム
コーヒーを飲みつつ、朝ご飯の片付け、夜ご飯の仕込み。洗い物を食洗機に放り込んだら、絵本を読むなど子どもと遊ぶ。一日のうちで一番好きな時間。

8:30 出勤
夫が子どもを連れて保育園に行ったあと、さっと家を片付けて着替え、私も出勤。

夜

17:15 退勤
保育園へお迎えに行く。

18:15 夜ご飯作り
朝のうちに少し仕込みをしてあるので20分で調理完了。夫は18時半頃に帰宅、先に子どもにご飯を食べさせる。

19:00 大人の夜ご飯

19:30 後片付け&風呂
夫婦のどちらかが子どもたちと一緒に入浴。もう片方は食器の片付けや保育園からの連絡帳のチェックなどをしながら、お風呂上がりの水分補給、歯磨きの準備をしておく。

20:00 寝かしつけ
歯磨き、夜の絵本読みをしつつ、部屋を暗くして、子どもたちに寝る心の準備をさせる。

20:30 フリータイム
大人だけの時間。ちょっとした家事、読書をすることも。洗濯機&乾燥機は1日おきにセット。翌日の子どもたちの服や通学バッグを用意。

23:00 就寝

暮らしの話④

料理をラクにする⑳の心がけ

① 時間の感覚を把握できるタイマー

調理中は、デジタルの小さな文字を気にかけることは難しい。離れた場所からでも見やすいタイプをネットで発見(「ドリテック」)。アラーム機能にとどまらず、「半分経過した」とか「もうそろそろ」など前後のときの流れをひと目で感覚的につかめる。

② たまには、包丁なしで手抜き

包丁を出す時間さえも惜しい……そんなときは、はさみで食材を切って鍋に入れてしまう。刃が複数枚あるはさみなら(本来は紙ゴミのシュレッダー用)一度で食材を細かく刻める。

③ 朝食の材料はカゴにまとめて

まな板がある作業台から冷蔵庫までは4歩。これを多いと見るか少ないと見るか。慌ただしい朝、頻繁に往復しなくていいように、使う食材(卵、納豆、きのこ類、しらす)は必ず前夜にカゴにまとめ冷蔵庫へ。取っ手つきだから寝ぼけ眼でも落とすことはない。

④ お気に入りのモバイルくず置き場

三角コーナーの不自由さが苦手で、取っ手つきのホーローを生ゴミの一時置き場として採用。好きな場所において、野菜の切れ端などが出るたびにポンッ。調理が終わったらゴミを古紙でくるんでビニール袋に入れ、冷蔵庫へ。ゴミ箱っぽくないところが気に入っている。

⑤ 四角いまな板にはもう戻れない

栗原はるみさん監修の丸いまな板。手前で大葉をちょっと切ったら、少し回してねぎを刻んで、また回してピーマンを切って…とスペースを360度無駄なく使える。切った食材をしばらくおいておく場所としても活用。裏は紺色で、魚と肉用として使いわけている。

⑥ 素早く泥を落とす、100円の実力派

泥つきの野菜が届くので、まず洗うのがひと仕事。1000円以上するおしゃれなブラシを使っていたこともあったけれど、いまひとつ。100円ショップで見つけたこの〝ブラシ〟は、短くかたい突起面と、長くてやわらかいヒダの2面。小回りがきくし衛生的でラクちん。(写真1)

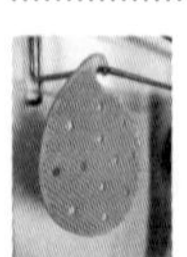
写真1

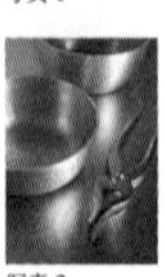
写真2

7 やっとこ鍋の身軽さに開眼

プロの料理人みたいで憧れていた、打ち出しのやっとこ鍋。取っ手がないのは不便かと思いきや、慣れればやっとこでつかんだほうがラクで、直径15cmと18cmを毎日活用。21cmも買おうか考え中。ガス台に鍋を3つ並べるときも、取っ手が邪魔にならない。(写真2)

8 用途はただひとつ、という贅沢

友人がプレゼントしてくれためだか柄の豆皿は、スープやだしの味見に使う。淡く美しいだしのなかをめだかが悠々と泳いでいるようで、面白い。「かっぱ橋まえ田」で購入した納豆鉢（箸つき）は毎朝食卓にのぼる。納豆のために計算された完璧な溝、深さ、もちやすさ。

9 彩りを新鮮に長持ちさせる工夫

必需品ではないけれど、あるとなにかと助かるのが大葉やパセリなどの緑。水をはったコップに立てて軸をつけて、ラップで蓋をしておけば冬場なら10日ほどは新鮮さをキープできる。水は毎日替える。このときのグラスも取っ手つき。つくづく取っ手が好きなのだ。

10 だしは1日ぶんをまとめて作る

水出しのだし作りは寝る前の日課。翌日の朝食用と夕食用で家族四人、1200ccあればじゅうぶん。煮干し、昆布、干椎茸をその日の気分に合わせて水にポンッと落とすだけ。朝には、すっきり上品なだしができあがっている。火にかけるとふんわりいい香りが漂う。

11 ご飯は1膳ぶんずつ小わけ&冷凍

子ども用のご飯（白米）は無水鍋で1日おきに1合ずつ、大人の玄米は圧力鍋で週2回5合ずつ炊く。玄米は熱いうちに1膳ぶんずつラップし、冷めたら急速冷凍。食べる直前にレンジで温める。ご飯の保存法は色々試したけれど、この方法が私には一番ラク。

12 葉野菜はスピナーで保存

洗って水気をきったあと、スピナーに入れたまま冷蔵庫へ。つけ合わせに生野菜が少しほしいときには助かる。ポリ袋に移し替えていたこともあったけれど、スピナーなら余分な水分が下に落ちて冷たいまま蓋ができ、1～2日程度ならパリッとしたまま保存できる。

13 はじめ良ければ、すべて良し

料理をはじめる前に、使わない布巾や、前の調理で使った調味料などをすべて片付ける。スペースを最大限に確保してから調理をはじめたほうがスムーズ。結果、早く美味しく仕上げられる。頭のなかが散らかりがちなので、せめて作業台はきれいに。

⑭ 布巾は汚れたら すぐ、何枚も使う

布巾や手ぬぐいはすぐとれるように作業台の目の前においている。食材の水分を吸いとったり洗い物をこまめにふいたり、一度の調理で最低2〜3枚は使う。洗濯板と石けんで洗うのが日課。

⑮ 割烹着で気分を 家事モードに

毎日欠かせないのがリネンの割烹着（「無印良品」）。ぐずった子どもが抱きついてきて鼻水や涙がついてしまうこともあるので、長袖が重宝。小柄な私にもちょうどいい袖の長さ。3秒で着られ、仕事から家事への気持ちの切り替えにもなる。肌ざわりが良く夏も案外涼しい。

⑯ 並べて把握すれば ＴＯＤＯがクリアに

刻んだ食材をのせたり、タレを合わせたり、豆腐の水きりをしたり。調理中は大きさも形もさまざまなトレイやボウルを並べ、ひと目で状況を把握できるようにする。一見時間がかかるようだけれど、このほうが仕上がりは早い。

⑰ 食材の流れを 週単位で把握

どの食材をいつ使うかを書いたメモを冷蔵庫に貼る。小学校と保育園の献立とかぶらないようにしながら、使う優先順位や前日の残りなどを大まかに記す。メニュー名ではなく食材名を記入。あらかじめなにを作るかきっちり決めてしまうなんて、少し窮屈だから。

⑱ 子どもが上機嫌だ と、調理もはかどる

子どものぐずり対策として、「ＴＥＭＢＥＡ」のブック用トートに絵本などを入れて台所を一時的な遊び場に（ただし火元からは少し離れた場所で）。母親の近くにいると安心するのか、ご機嫌。私も調理に集中できる。「ダメ」「あっち行ってなさい」ばかり言うのは嫌なので。

⑲ 平日の朝食はあえて 同じメニュー

大人は野菜ときのこの味噌汁、玄米、納豆、目玉焼き。子どもは具沢山の雑炊。食欲がない、味が濃く感じる、など体調の変化に気づくバロメーターになる。子どもの体調を把握するためにはじめたけれど、働き盛りのアラフォー夫婦にこそ必要な視点では？とふと気がついて。

⑳ お香やアロマで 気持ちを切り替える

いつまでも部屋に食事の匂いが漂っているのが気になるので、台所仕事が一段落すると、消臭と気持ちの切り替えを兼ねてお香を焚く。すぐ出かけるときは、「ＴＨＲＥＥ」のアロマスプレー。火の元の心配をしなくて済む。友人からのギフト。

6月

金曜にはトマトを仕入れ
晴耕雨読の週末に備える。
ひとつはまるごとかぶりついて、
多くはトマトソースにして、
残りは湯むきして、塩漬けに。
赤い実の活躍ぶりたるや。
スーパーマーケットの帰り道
照れくささを見られないように
春日の茅の輪を堂々とくぐった。
願い事は今では忘れてしまった。

豚しゃぶの梅トマト和え

6月は待つ季節。重く淀んだ空気に食が進まなくとも、ここでしっかり食べておかなければ、日本の過酷な暑さには耐えられない。

こんなメニューはどうだろう。

梅肉を包丁で叩き、くし切りトマトと合わせてしばらくおく。豚ロースの薄切りをゆでる間に、トマトの旨い水分が引き出されて、ちょうどいい塩梅のドレッシングになっている。ゆでた豚とインゲンと和えれば、晩ご飯の献立は大いに助かる。

重い湿度がある日は、なにかさっぱりしたメニューを――誰もがこう思いながらスーパーの売り場を歩くだろう。しかし、満足感のあるさっぱりを作るためには、こんなふうにコクと脂の支えが必要なのだ。

冷やし椎茸

直売所にて購入したジャンボ椎茸。塩をふって軽く叩き込み、１８０度のオーブンで20分焼く。水分がたくさん出るので、その汁につけたまま冷蔵庫で冷やすだけ。嚙むとジュワッと汁があふれ出て旨いのなんの。

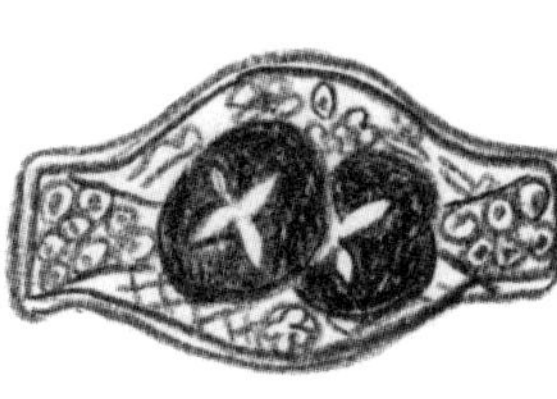

トマトのパン粉焼き

トマトは横半分に切り、断面に塩ひとふり。パン粉にパセリ、すりおろしたエメンタールチーズ、塩、こしょうを加えて混ぜ、トマトにのせる。オリーブ油をかけ、２２０度のオーブンで15分焼く。

きゅうりの冷やだし茶漬け

ご飯を洗って、塩もみしたきゅうりと梅干しをのせて冷たいだしを注ぐ。食欲があまりなく。ほか、焼き鮭、小松菜お浸し、雷こんにゃく。ところで冷やご飯、難消化性でんぷんが腸内環境にいいというのは本当だろうか。

新生姜と人参のかき揚げ

生姜と人参はマッチ棒に切り冷蔵庫で冷やしておく。生姜1に対し人参2。薄力粉と冷水を混ぜ、生姜と人参を加え1本1本が衣をまとうようにして油で揚げる。塩を添える。新生姜の時期のうちの定番。ほか豚ヒレの味噌漬け。

白瓜のサンドイッチ

池波正太郎のあまりに有名な好物。休日スーパーで白瓜を見て、おっ！と。薄めの食パンに無塩バターをたっぷりぬる。軽く塩ふりしばらくおいて、水気をしぼった白瓜をはさむ。無論のこと美味。冷えた白ワインがあれば文句なし。

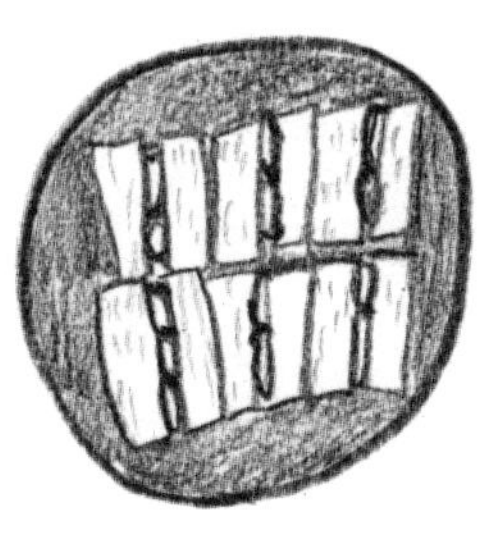

サバ缶の即席薬味和え

サバ缶を軽くほぐして、刻んだみょうがと大葉、白ごまを混ぜるだけ。なにかもう一品足りないと思い作る。芋焼酎のロックとかお酒にも合いそうです。

イワシの大葉チーズ焼き

イワシは薄く塩をして15分おき、水分をふく。尾は切り落とす。フライパンにオリーブ油をひき、身を下にして並べてから火をつける。うっすら白くなったらひっくり返し、大葉とチーズをのせて、火が通るまで焼く。こしょうをひき忘れたので最後に上から。

とうもろこしの黒こしょう丼

フライパンに油を熱し、とうもろこしとウインナー、醬油ちょろりとたらし、蓋をして、醬油が多少焦げつくがままに放っておき中火で2～3分蒸し焼きに。黒こしょうをたっぷりひいてご飯にのせる。スプーンでわしわし食べる。

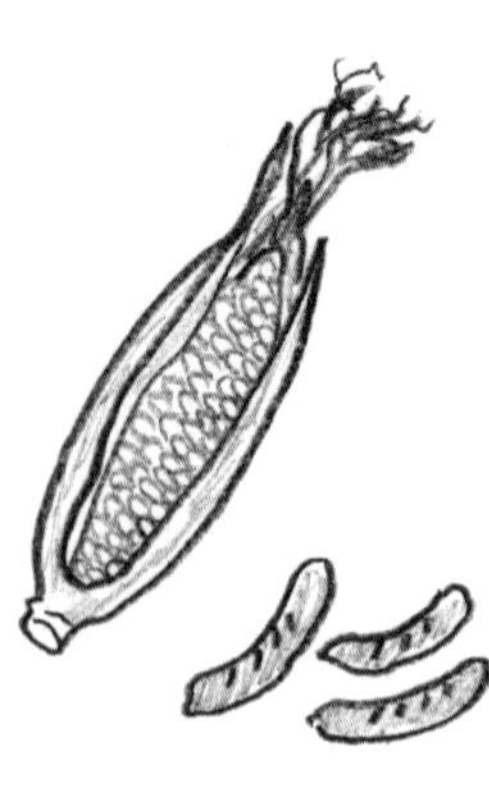

しらすのきつね丼

カリッと焼いた油揚げを細かく刻んでご飯にのせ、そのうえにしらすをたっぷり。レモンしぼって、梅干し。鎌倉の友達からもらったしらすを贅沢に。ほか、ピーマンのくたくた煮、豆苗と茄子と玉ねぎの辛味噌炒め、常備菜きんぴら、きのこのお吸い物。

チキンカレー玉キャベのせ

溶き卵で和えたキャベツせん切りと一緒に食べる。キャベツも扱いやすくなり良い箸休めになる。鶏ひき肉、玉ねぎ、人参、じゃがいものカレーは、赤ワインの残りとコンソメスープで煮て、スパイスをブレンドして味付け。辛い。

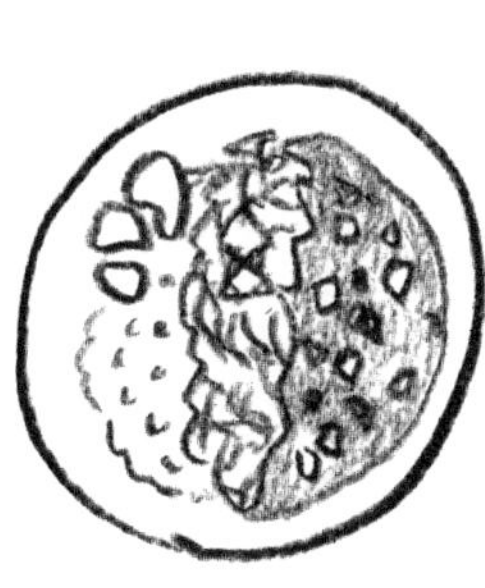

ふりかけ

京都「うね乃」のだしパック（だしを取ったあとの）を割いて中身を取り出し、醬油、みりん、ごまを加えてフライパンで空炒りする。パッケージに書いてあるレシピそのままに作る。これは今まで作ったふりかけのなかでも群を抜いておいしい！

かぼちゃとおからのマッシュ

オリーブ油でみじん切り玉ねぎを炒め、塩とこしょう。乾燥おから、コンソメスープを加えて煮込む。水分が飛んでしっとりしたら、別にゆでたかぼちゃを加え、木ベラでつぶしながら混ぜる。子どももこれはよく食べる。

玉ねぎとニラのスタミナドレッシング

玉ねぎは半分はみじん切り、半分はすりおろす。ニラはみじん切り。すり黒ごま、ごま油、醤油、酢、塩、砂糖を混ぜ、半日以上おいて味を馴染ませる。冷蔵庫で10日ほどもつ。冷奴、肉、魚にのせます。

きのこと干し海老の旨煮

干し海老は湯でやわらかく戻して、細かく刻んでおく。舞茸としめじを細かく刻み軽く塩してもむ。サラダ油で炒め、しんなりしたら、干し海老と戻し汁、塩麴を加えて5〜6分煮詰める。これは子どもも好きだしお酒にも合うおかず。

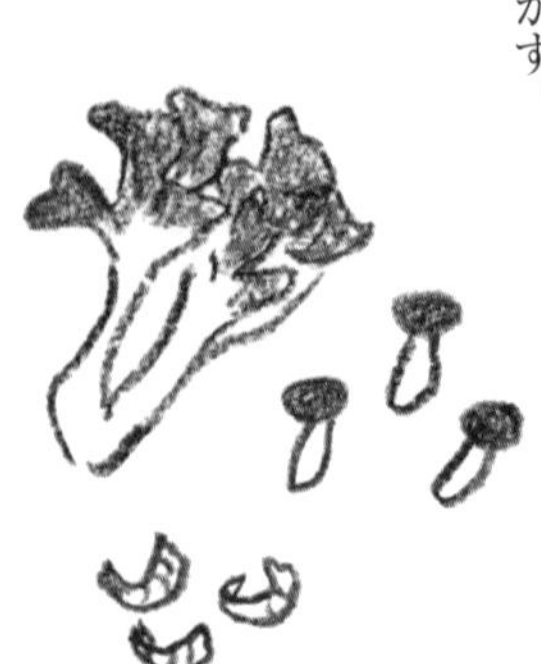

無花果のクリームチーズ和え

今日は友達が遊びにきたので少し贅沢なランチ。無花果3個は皮をむき乱切り。大さじ1のバルサミコ酢を煮詰めたものとからめておく。クリームチーズ100gを常温に戻してやわらかくし、無花果と和える。

とうもろこしのすり流し

小さめの器に三人ぶん。味付けは塩だけ。とうもろこし1本を蒸して実を包丁でこそげとる。残りの芯を水で煮てだしをとる。実とだし400ccをミキサーにかけ、ざるでこす。味を見ながら塩でととのえる。

夏野菜のサラダ

オクラ、インゲン、ズッキーニ、おかひじきを蒸す。ボウルににんにくの断面をこすりつけ、白ワインビネガーと米酢を同量、オリーブ油、塩、こしょう、てんさい糖を混ぜてドレッシングを作り、野菜を加えて和える。ピンクペッパーを散らす。

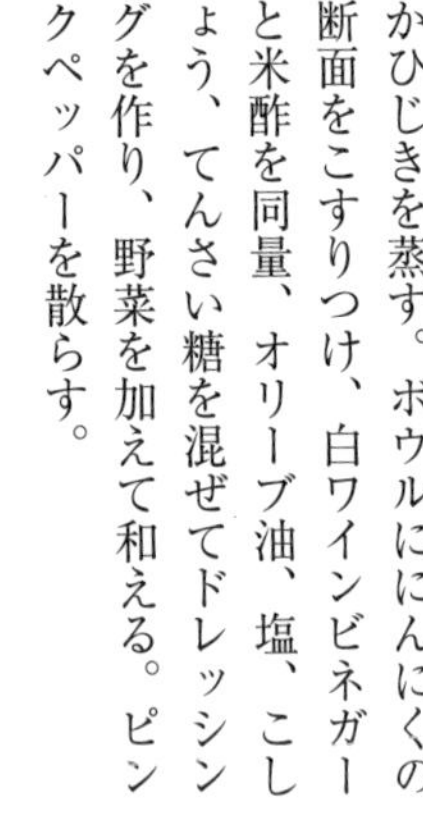

あおさの一口シュー

鍋にバター60gと水120ccを沸かし薄力粉50gを加え火を止め練る。溶き卵1個ぶんを少しずつ加え練り、おろしグリエールチーズ20g、あおさ好量を加える。しぼり袋で丸くしぼり出し200度のオーブンで20分焼く。こしょう入りも作った。

蟹とアスパラのリゾット

みじん切りの玉ねぎとにんにくを炒めてから米を加え、湯を足しつつ煮て、蟹（塩抜きせず）、アスパラ、パルメザンチーズ。蟹をたくさんいただいたので半分はレモンをかけて食べ、半分をリゾットに。

アジの南蛮漬け

超手抜き版。アジに片栗粉をはたいて焼いている間に人参と玉ねぎ、みょうがを刻んで耐熱容器に入れ、だし、塩、みりん、醤油を加え3分チン。酢を加え、焼きたてのアジを浸す。ほか、トマトとニラの卵とじに一味。もずく。豆腐と小松菜の味噌汁。

ズッキーニのカルパッチョ

縦に薄切りにしたズッキーニにみじん切りの赤玉ねぎを散らし、オリーブ油、塩、こしょう、レモンたっぷり。輪切りにするよりこの切り方のほうが表面積が広くなり、やわらかい舌ざわりがあっていいと思いました。

7月

整然と並ぶもろこしの列に、
茄子のつやつやの肌に、
トマトの立派な曲線に、
思いきり歯を立てれば
ぷちん、じゅわり、太陽がはじける。
夢中で3つたいらげた。
カゴにはまだ、たんまりある。
ひと夏の実の成長は
都会の人のそれなんかより
たくましく濃い。

とうもろこしのかき揚げ

暑いとわかっていながら、火に近づきたくなる。高温かつ短時間で水分を飛ばす〝揚〟の調理法は、野菜を食べるのに一番適していることを、手と舌が覚えているからだろう。

揚げた夏の野菜は、文句なしに美味しい。その筆頭は、とうもろこしだ。

包丁でこそげ落としたとうもろこしの実をボウルに入れ（ヒゲも美味しそうなので入れる）、薄力粉を薄くまぶす。溶き卵、氷水、薄力粉、塩少々を混ぜた衣を加えてさっくり混ぜ、スプーンですくい取り、170度の油に静かに落とし入れる。

一度流し入れたら、やたらめったら触らないこと。固まる力をただ信じるのみ。ビールを飲みながら待つくらいでちょうどいい。

うなぎと豆腐の酒蒸し

フライパンにクッキングシートを敷き、豆腐、うなぎ蒲焼きの順にのせ、酒をふりかけてから火をつけて蓋。3分蒸す。豆腐にタレがしみ、豆腐もうなぎもふわふわに。付属のタレもフライパンで温め最後にかける。

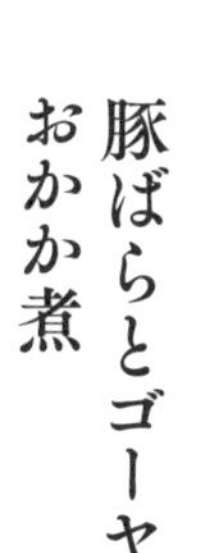

豚ばらとゴーヤのおかか煮

鍋で豚ばら薄切りを炒め、塩、こしょう。表面が焼けたらゴーヤを加え脂を吸わせるように炒める。だし、酒、醤油を加えて蓋。5～6分煮たら蓋をはずして煮詰め、最後におかかをたっぷり投入。汁気を吸って具にからみつくように。

モロヘイヤとらっきょうのマヨ和え

さっとゆでて刻んだモロヘイヤと、食べやすく刻んだらっきょう甘酢漬けにマヨネーズを少し足して和えるだけ。ほか素麺、鶏もも肉とにんにくの芽の塩焼き、ごぼうとピーマンのきんぴら。

さんま缶と豆腐大根おろしで

缶詰のさんまの生姜煮と絹豆腐に大根おろしをのせ、オリーブ油をかけるだけ。レシピというほどでもないけれど、これうんまい！

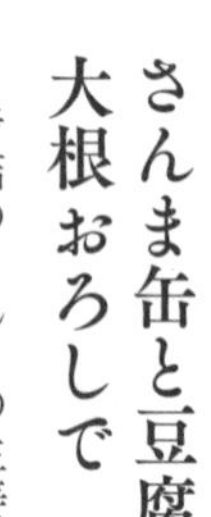

オクラとなめこの冷やだし汁

　さっと塩ゆでしたオクラとなめこをみじん切りして椀に入れる。塩ほんの少し、醤油好量、冷ました昆布&かつおだしを注ぐ。氷を入れて冷たくしてツルツルッと飲む。ほか、作り置きストックの餃子、茄子のよごし、ゴーヤと油麩。

人参とクコの実のラペ

　塩、こしょう、米酢、砂糖、オリーブ油、クコの実を混ぜ、せん切りして軽く塩もみしておいた人参と馴染ませる。最近は結婚式の引き出物にもスーパーフードが入っていて嬉しい。

小松菜の海苔わさび和え

　ボウルに海苔をちぎり、湯大さじ1をかけてふやかし、塩とチューブのわさびを加える。ゆでて冷水にとった小松菜をギュッとしぼり、ボウルに加えて混ぜ合わせる。出張から帰ってきた夫のリクエストに応えて和食色々。

マッシュルームの塩昆布サラダ

　ある日の切るだけサラダ。生のマッシュルーム、玉ねぎ、みょうが。ドレッシングはレモン、オリーブオイル、塩昆布。

焼き茄子の酢醬油

切り目を入れた茄子を、サラダ油を多めにひいたフライパンでやわらかくなるまでじっくり焼く。火からおろし、熱々のうちに、酢と醬油を1対1で合わせたものを回しかけ、熱がとれたら冷蔵庫へ。よく冷やして食べる。

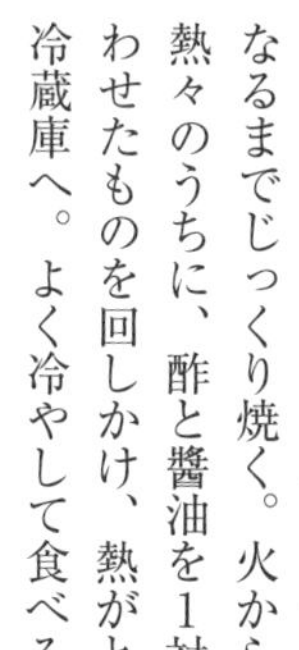

とうもろこしご飯

米2合と同量の水、酒大さじ1、塩ひとつまみ、芯から包丁でこそげ落としたとうもろこしの実を鍋に入れいつも通り炊く。このとき芯もまるごと一緒に入れるといいだしが出る。芯を入れるのは「築地御厨」の内田さんに教わりました。

豆乳五色うどん

鍋に豆乳を温め、ごまペースト、甜麺醬、塩、醬油、一味、生姜で調味してうどんを煮る。茄子、油揚げ、パプリカ、甘長唐辛子はグリルでよく焼き、昨夜の豚もも薄切りの残りはさっとゆで、具を汁につけながら食べる。

茄子と大葉のペペロンチーノ

フライパンににんにくと鷹の爪、オリーブ油を熱し香りがたったらとり出す。皮をむいてサイコロに切った茄子を加え塩で炒めしんなりしたら、ゆでたパスタ、しらす、大葉を加え塩。茄子のこんなに美味しい食べ方あるんだねと夫。

薬味のサラダ

大葉、みょうが、紫玉ねぎを刻んで水にさっと放ち、酢、オリーブ油、塩、こしょう、醤油少々のドレッシングで和える。ほか、茄子と豆腐のお吸い物、人参ぬか漬け。

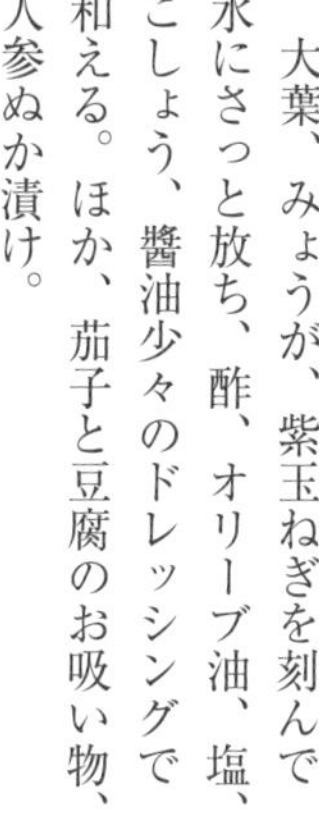

バジルまぐろ漬け丼

小鍋に酒とみりんを1対1で合わせて煮切り、醤油を2加える。ふつふつ沸いたら火を止めて冷まし、赤身を漬けて15分以上おく。バジルと一緒にご飯にのせる。漬け汁の配分は築地のまぐろ屋さんで教えてもらったものです。

梅のロールキャベツ

レンジで2分チンしたキャベツで、一口大に丸めたたね（鶏ひき肉、ひじき、生姜）をいい加減にくるみ、鍋にすき間なく敷き詰め水出しの昆布だしを注ぐ。梅干しと昆布を加えて20分煮る。塩はひき肉の下味をつけるのに少しだけ。

キャベツ巾着のさっと煮

半分に切った油揚げを開き、キャベツのせん切りをぎゅうぎゅうに詰めて楊枝でとじる。だしを注ぎ、落とし蓋をして10分煮て、塩ほんの少しと香りづけ程度の醤油でととのえる。

牛とトマトの軽い煮込み

朝、サイコロステーキ用の肉に切り目を入れ塩、こしょう、にんにく、バルサミコ酢、醤油を馴染ませておく。夜、鍋で肉を6割がた焼いたら、すき間にトマト断面を下にし並べ、蓋して15分。トマトからぐつぐつ旨い水分が出て即席の煮込みに。塩でととのえる。

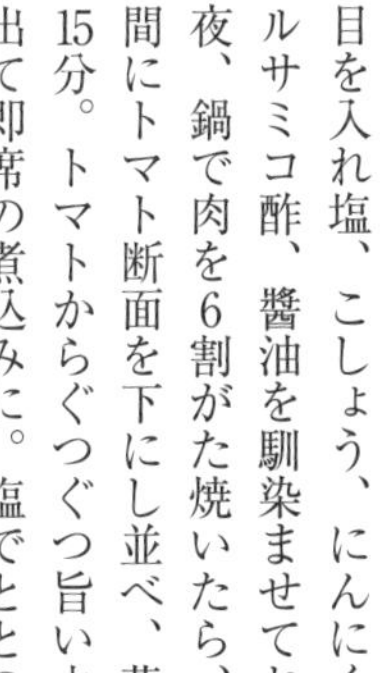

にんにくと梅のスープ

鍋に水と酒少々を入れ、玉ねぎ一人半個、にんにく一人2個、梅干し一人1個を入れ火にかける。弱火で20分コトコト放置。香りづけに醤油数滴。あれこれしている間に完成。ハンバーグはデパ地下で。ほか、焼きねぎの黒酢納豆和え、山菜煮物など。

厚揚げとトマトのさっと煮

だしを温め厚揚げを加え、塩少々、醤油で調味。4〜5分煮る。くし切りのトマトを加えさらに1〜2分煮て火を止める。うなぎは近所のうなぎ屋で。酒をふり蒸して、山椒ふってひと手間かけました。お吸い物はモロヘイヤとえのき。

ぶどうと生姜のシャーベット

凍らせた種なしぶどうを皮ごと粗くみじん切りして生姜汁とオリーブ油を加え、よく混ぜて再度凍らせる。食べる直前に冷凍庫から出し、さっくり混ぜて器に盛る。

ゴーヤと油麩の含め煮

油麩は水で戻しておく。ゴーヤは輪切り。鍋に油を熱し、ゴーヤを塩少々で炒め、油が回ったら水気をしぼった油麩を加える。だし、醤油、みりんを注ぎ、麩に汁を吸わせるように10分ほど炒め煮。両者噛めば噛むほどじわり旨い。

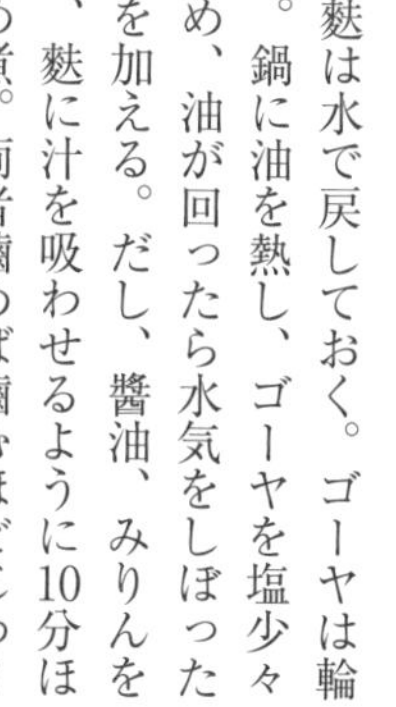

トマト納豆

細かく刻んだトマトと納豆を混ぜ、醤油、辛子、オリーブ油と塩少々。スプーンですくって食べる。

マッシュルームとみょうがの冷たいカッペリーニ

　P70のサラダの残りをパスタに。マッシュルームは2、3個残しておき、使う直前に切る。ゆでたカッペリーニを冷水で締め、オリーブ油とパルミジャーノチーズで和えて下味をつけてから、残りのサラダをのせる。

暮らしの話⑤

合い言葉は「まごこわやさしい」
〜30歳からのダイエットのルール〜

4カ月で7kgやせた話をします。

一人目の妊娠中はつわりが重くてかなりやせてしまい、産後もすぐにもとの体重に戻せました。しかし二人目の際はつわりも軽く、妊婦生活への慣れからか気がゆるみ体重は増加の一途。産後4カ月たっても、妊娠前より6kg増……数字の問題以上に、カメラで自分の体を360度動画撮影してみてそのぼやけたラインに目をおおってしまいました。着られる服が、ない。人生で初めてお尻に火がついた瞬間でした。

2016年1月から〝4カ月で6kg〟を目標にダイエットをスタート。私が実践したのは、健康的な和食のスローガン「まごこわやさし

「まごこわやさしい」8つの食材

1 (ま)め　豆腐なら一日半丁程度、納豆なら1パック。
2 (ご)ま
3 (こ)め　一食につき玄米か米を70〜80g。一日2食まで。ほかは蕎麦。全粒粉のパンやパスタもたまにならOK。
4 (わ)かめ　(海藻類)好きなだけ。
5 (や)さい　色の濃い野菜を意識して多めに。
6 (さ)かな　タンパク源としてささみも。豚や牛も脂肪の少ない部分はたまにならOK。
7 (し)いたけ　(きのこ類)好きなだけ。
8 (い)も　(こんにゃく含む)じゃがいもなら一日2個まで。

い」の頭文字8つの食材（P79の表参照）を毎日食べるという方法です。中野ジェームズ修一さんの『やせる3つの食べ方』（大和書房）も参考書として頭に叩き込みました。

「まごこわやさしい」の表をノートに書き出してみたとき、一日どのくらいの量を食べるのかイメージがつかめませんでした。そこで、画用紙を名刺サイズに切り、一枚につきひとつの食材の絵を描いて、朝食、昼食、夕食用にわけて並べてみました。たとえば玄米カードは2枚、じゃがいもカードも2枚。きのこは無制限なので6枚作りました。玄米は2枚ですから、朝と昼に1枚ずつ並べたら夕食のぶんはもうない。代わりに蕎麦のカードを並べたり、日によっては大好きなパスタを食べたり。炭水化物なしで済ませることもありました。

カードを並べてみてホッとしたのは、思ったよりも「たくさん食べていいんだ」ということ。しかし30歳を過ぎてからは「食べていい」という安堵から一歩進んで、「食べなくてはならない」への意識改革が必要だと感じます。あごを動かし、歯ですりつぶし、唾液を分泌させ、目、舌、脳に満足感というご褒美をあげなくてはならない。筋肉と骨は1gたりとも失いたくない年齢になりましたから、なおさらです。

人間ドックを受診した際にInBodyでデータをとったところ、体脂肪率は8％減、筋肉量と骨密度は平均を上回り、医師からは「１２０点です」とのこと。間違ったやせ方はしていないようで、安心しています。ひとつ問題点があるとしたら、この食事法で10日から2週間過ごせば、1kg程度ならラクに落とせることを学んでしまい、つい気がゆるんで食べすぎてしまうこと。ダイエットの達人への道のりはまだまだ遠いようです。30の実例を紹介します。

タラと白菜のシチュー

見切品コーナーで見つけたお宝、タラとあさりむき身。厚手鍋に玉ねぎ薄切りを敷き詰め、塩、こしょうしたタラを並べて、白菜でおおい、塩麹少々と酒を回しかけ、途中でひっくり返し15〜20分煮る。最後にクミンをたっぷり。

焼きサバの辛子醬油

駅弁のサバ棒鮨には辛子がつきもの、ならばと塩焼きを辛子醬油で試したら美味！　ねぎの酒蒸しは鍋にねぎを並べ酒大さじ1、塩と鶏ガラスープの素少々、ローリエをのせ蓋。途中ひっくり返し弱火で10分蒸し焼き。自然に冷ます。ほか焼き椎茸と海苔の黄身和え。

塩サバのごま海苔ふりかけ

多めに焼いておいた塩サバ。身をほぐして、もみ海苔、白ごまと合わせてご飯にのせる。

サーモンの大葉チーズ焼き

サーモンは魚焼きグリルで両面焼いたあと、再度ひっくり返して大葉とチーズをのせ、チーズがとける程度にさっと焼く。ほか、ねぎご飯、黒豆、ごぼうごま和え、なめことわかめのお吸い物。

メカジキとトマトのカレー煮

浅鍋にだしを深さ5㎜ほど入れて沸かし、塩、こしょうしたメカジキとトマトを並べ、蓋して蒸し煮。火が通ったらカレー粉と醤油でととのえ、煮汁を回しかけながらさらに1~2分煮る。ほか、ごぼうと人参かき揚げ、大根菜の海苔佃煮和え。

アジと豆腐のハンバーグ

包丁で叩いたアジに塩と生姜を加えよく練り、水気をきった木綿豆腐、ねぎ、醤油、パン粉を加えてさらに練る。形を整えて焼く。ほか、焼きトマト、からし菜と人参の塩麹和え、なめこと春菊のお吸い物。

かしわの味噌煮込みうどん

風邪気味で保育園をお休みした長女と鍋焼きうどん。煮干しのだしでうどんや小松菜、椎茸を煮て、「まつや」の「とり野菜みそ」をとく。鶏肉は一口大のそぎ切りにして最後に加え、火が通ったら食卓へ。大人は柚子こしょうと一味。

蕎麦のフォー風

スープはだしに生姜とにんにく、塩、ナンプラー、醤油。ささみ（P87の塩鶏）をのせて。ほか、焼き野菜と昆布のマリネは、昆布を1㎝角に切り保存容器に入れ熱湯を少々注ぎ、醤油と酢を同量、みりん好量を加え、焼いた野菜を浸して30分以上おく。

あさりと油揚げの深川丼

鍋にだし、短冊に切った油揚げ、ねぎの青いところ、生姜を加えて火にかけ、ひと煮立ちしたらあさりむき身を入れて蓋をする。あさりがぷっくりふくらんだら醤油でととのえ、ご飯にのせる。ほか、ほうれん草ごま和え、和風ラタトゥイユ。

しめじと湯葉のあんかけ蕎麦

蕎麦にはだしをひいたあとの昆布も刻んで一緒に食べる。ほうれん草入り。大根のごま酢和えは酢醤油で和えてからごまをふる。ほか、人参は砂糖代わりに有機のドライゴールデンベリーと水少量、塩で蒸し煮に。ゆで卵のおぼろ昆布締め。

小松菜めし

せん切りした生の小松菜（葉のやわらかい部分）を布巾で包み水に3分さらす。水気をしぼってボウルにあけ、塩もみする。ややしょっぱいと感じる程度に。再度しぼって熱々の玄米と混ぜる。ほか、焼き塩ブリ、人参とねぎの海苔煮、卵とトマトのお吸い物。

トマトの黒ごまチーズ雑炊

前の晩に使ったトマト缶詰を少し残しておいて昼食に。玄米とホールトマト缶、だしを煮て、塩、醤油ほんの少し。最後にごまとパルメザンチーズ。ほか、ひじきとツナと納豆、ねぎの小鉢。小松菜としめじの味噌汁。

みぞれ蕎麦

最近好きな蕎麦の食べ方。鍋に大根おろしを入れ蕎麦湯を足し、沸いたら塩と醤油で味付け。冷たい蕎麦に熱々をかける、もしくはこのみぞれ汁に戻して再度温める。この日は塩鶏（P87）と梅干しをのせた。ほか、大豆とひじきとキヌアの煮物、ごま豆腐にすりごま＆塩ぱらり。

お麩と野菜の丼

麩は片栗粉をまぶしてから照り焼きに。ほか人参ごま和え、マッシュさつまいも、皮きんぴら、ごぼうはターメリックと白だしで炒め煮、ねぎロースト、枝豆。ご飯には生姜と海苔を混ぜた甘酢。少し目先を変えて夫を驚かせたくて考えました。

帆立ご飯

酒、醤油、みりんを煮た鍋に落としてさっと火を通した帆立。海苔と一緒に玄米ご飯に混ぜる。貝ひもは切り離し、酒で煎って塩ぱらり、わさびちょっとをつける。ほか、トマトとわかめのサラダ、人参と酒粕ポタージュ、ターサイごま和え。

海老ピラフ

A玉ねぎ、人参、ごぼうに塩して炒める。B海老は酒をふり炒める。別の鍋に菜種油を熱し米を炒め、ツヤが出たらA、昆布だし（米と同量）、塩を加え炊く。炊き上がる直前にBをのせ10分蒸らす。野菜の味がしっかりあるので味付けは塩でじゅうぶん。

カリフラワーとお麩の玄米リゾット

カリフラワーは焼いてから加えると香りよく、美味しいだしの素に。味付けは白だしと塩麴。さつまいものごまポテサラは熱いうちに湯でといた味噌を加え黒ごまをたっぷり。ほか、五目煮豆。

ひじきと蕎麦のツナサラダ

ひじきは水で戻してよく洗い、ごま油で炒めて塩少々。乾麺の蕎麦は3〜4㎝にポキッと折ってからゆでて冷水で洗っておく。ひじき、蕎麦、ごま、ノンオイルのツナ缶を混ぜ合わせる。ひじきには油を吸わせると美味しい。

舞茸のロール白菜

白菜はレンジで4分チンしてくたっとさせ、かたい部分は麺棒で叩き繊維を砕いておく。豚ひき肉に塩、こしょうしてよくこねて粘りを出してから、片栗粉、舞茸を加えて丸め、白菜で包む。鍋にすき間なく並べてだしと醤油で煮る。

トマトとマッシュルームの柚子和え

マッシュルームは薄切りにしてすぐ柚子をたっぷりしぼり、トマトを加えオリーブ油と醤油少々のドレッシングで和えて柚子皮を散らす。

豆と舞茸のラタトゥイユ

和風のラタトゥイユ。人参と玉ねぎを油で炒めて塩、こしょう。煮たとら豆、ホールトマト缶、白だしを加え蓋。水不要。15分ほどして人参がやわらかくなったら舞茸を加え、ひと煮立ちしたら醤油少々でととのえる。一晩おくと味が馴染む。

里芋とごぼうのロースト

ネットで見た、くしゃくしゃホイルで皮をむく方法でラクちん皮むき。里芋とごぼうにオリーブ油と塩をふって混ぜ、ローズマリーと一緒に220度のオーブンで25分焼く。ほかもずくのにんにくスープはにんにくを水からじわじわ煮出す。

大根の味噌ごま煮

下ゆでした大根を鍋に入れ、水（大根の高さの四割くらい）を加え、沸いたら味噌を加えて落とし蓋。汁がしみてきたなと思ったら火を止めてごまをたっぷり加える。箸でほろりとくずれて旨し。ほか、キムチと湯葉の和え物。

新じゃがの塩煮

鍋に皮をむいたじゃがいも7個とかぶるくらいの水、塩小さじ½を入れ着火。あとは弱火でコトコトと放ったらかし。ほか、イカと菜花のにんにくレモン、人参と小松菜の白和え、なめことわかめのお吸い物。

塩鶏と玄米粥

ささみに塩をふりラップ。数時間おく。沸騰した湯に落とし火を止め余熱で火を通す。大葉と海苔で巻く。煎り玄米粥は生の玄米をぷちっとはじけるまでフライパンで煎る。鍋に玄米とその9〜10倍の水、塩少々を入れて強火にかけ、沸いたら弱火で1時間弱炊く。

大根とささみのキムチ鍋

だしでやわらかく煮た大根。ささみを加え火が通ったら、キムチを入れひと煮立ちさせる。〆は焼き餅。しめサバ入りの里芋サラダは蒸して皮をむいた里芋をつぶして塩麹で和え、しめサバともみ海苔を。ほか、わかめとねぎのさっと炒め。

ささみの海苔チーズ焼き

ささみにちょこちょこ包丁を入れ観音開きに広げる。塩、こしょうをふり、海苔、チーズの順にのせ、半分に折る。フライパンに菜種油を熱し、ささみを並べて蓋。弱めの中火で片面3分半、ひっくり返して3分半焼く。

ほうれん草とささみのシチュー

パルシステムのシチュー用フレークを使用。子どもも食べるのでやわらかいささみを入れた。サラダは舞茸とかぶを焼き、皮をむいたグレープフルーツを加える。ドレッシングはグレフル果汁、オリーブ油、塩、こしょうで。

ささみとターサイの旨煮

ささみは沸騰した湯に入れ火を止め、自然に冷ましてから割いておく。この湯を塩でととのえてターサイを煮れば、それだけで美味しい鶏スープに。ほか、なめたけのせご飯、根菜の昆布マリネ。

レタスとささみのしゃぶしゃぶ風

ささみは少し凍らせて、繊維に沿ってそぎ切りにすると薄く切りやすい。鍋に昆布だしと酒を沸かし、レタスとわかめをさっと煮る。ささみを加えて蓋。火が通ったら食卓へ。これだけでも鶏の旨いだしがわりとちゃんと出る。塩、ポン酢、柚子こしょうを好きに加えて食べる。

8月

入道雲がむくむくと立ち昇る頃、
台所仕事は気怠さと戦う。
大葉、生姜、レモンにみょうが、
酸と香をせっせと刻む。
ぬるい風に誘われて夜遊び、
露店の粉ものをビールで流し込む。
水風船を手に帰ればまだ日暮れ前。
遠くの花火を聞きながら、
タオルケットをぴんと張り
長い一日をしまう。

レモンと生姜の海鮮寿司

色々な種類の新鮮な刺身が一年じゅう手に入る日本では、醤油とわさび以外の食べ方を探求してみるのも面白いものだ。

うだるような暑い日は、火を使わない丼をひとつ。

刺身の盛り合わせを買ってきて、食べやすい大きさに切り、生姜とレモンと醤油を混ぜたタレに10分漬ける。ご飯にゆかりと白ごまを混ぜ、刺身をのせる。すき間には刺身湯葉を添えて。レモンの鋭角な酸の香りと生姜の清涼さが、作っているそばから食欲を刺激してくる。

じつはこれ、仕事帰りに駆け込むスーパーで、値下げされた刺身に飛びつく習性が生んだレシピ。空腹とお買い得は、アイディアの源なのだ。

鮭のトマトチーズ

フライパンにざく切りトマトを並べて鮭をのせて蓋。火が通ったらチーズをのせて火を止め、蓋をして蒸らす。味付けはトマトの酸味とチーズの塩気のみ。ズッキーニは塩もみしてからわさびと生姜で和える。

玉ねぎと納豆のねばとろ素麺

薄切りして水にさらした玉ねぎ。水気をよくきり、オリーブ油と麺つゆ、おかか、納豆、生卵を落としてねばねば、ふわふわするまでよく混ぜ、素麺にのせる。

桃のゼリー

来客。4個ぶん。桃1個は一口大に切り、もう1個はつぶして果汁を200ccにする。熱湯50ccにゼラチン5gをとかしておく。鍋に果汁とてんさい糖小さじ2を温め、沸く直前に火を止め、果肉、とかしたゼラチンを加えてよく混ぜ、粗熱をとり器に注いで冷蔵庫へ。

スプラウトと焼き蓮根&ハムのサラダ

フライパンで焼いた蓮根、同じくさっと焼いたハム。ブロッコリーの芽と合わせ、「大村屋」の練りごま（チューブの。空気にふれないし美味しくて便利です）とオリーブ油に醤油をほんの少し加えたドレッシングで和える。

トマトと赤紫蘇の焼き飯

フライパンにサラダ油を熱し、乱切りトマトを広げて薄く砂糖と塩こしょうをして焼く。ひっくり返したり動かしたりせず、中火でじりじり焼く。玄米を加えて、ほぐしながら炒める。赤紫蘇ゆかりをふってできあがり。

柴漬けと白菜の餃子

細かく刻んだ柴漬け、みじん切りして塩をふってもんでからしばらくおき水気をギュッとしぼった白菜、豚ひき肉（塩少しとこしょう）、生姜を合わせてよく練って、包んで焼くだけ。

焼きチーズカレー

鍋に生姜、にんにく、油を熱し玉ねぎを炒め、鶏ひき肉、冷蔵庫の色々野菜みじん切りを加え、薄力粉ぱらり、ソース、顆粒コンソメで下味。ターメリック、コリアンダーなど香辛料でととのえる。ご飯にかけチーズをのせ220度のオーブンで10分焼く。

たこと実山椒の混ぜご飯

たこと実山椒の炊いたものを菜種油で炒め、醬油をちょろり。ねぎと一緒に玄米に混ぜる。ほか、おろした辛味大根ともみ海苔、鶏ガラスープの素、塩、こしょうを入れた椀に湯を注いだ即席のお吸い物、ロメインレタスとトマトのサラダ。

揚げ野菜の梅酢漬け

椎茸と昆布のだし、梅酢を2対1で合わせてだし酢を作る。モロッコインゲン、人参、茄子を一口大に切って水気をよくふいて素揚げし、揚げたてをだし酢に漬けてしばらくおく。ほか、ひじきとセロリ葉と三つ葉のカレー風スープ。

包まない海老シュウマイ

10個。海老150gの半分は粘りが出るまで叩き半分は粗刻み。豚ひき肉100g、玉ねぎみじん切り¼個、片栗粉大さじ1、オイスターソース、ごま油、醤油、酒各小さじ1、おろし生姜と塩各少々。以上混ぜて丸め、シュウマイの皮を刻んでまぶし10分蒸す。

鶏手羽の旨辛焼き

鷹の爪、乾燥にんにく、花山椒、クミン、白ごま、陳皮（ちんぴ）をすり鉢でふりかけ状に。鶏手羽に塩、こしょうして、フライパンで中強火で焼く。美味しそうな焼き色をつける。火を止め、ふりかけをたっぷり混ぜ合わせる。お手ふきを用意して素手でがぶり。

ローストビーフ

夫作。牛ももかたまりに塩、こしょうをすり込み、密閉袋に入れる。赤ワイン、ローリエ、タイムを加えて空気を抜き、一晩おく。室温に戻してからフライパンで焼き（上下各2分、側面各4分）、ホイルに包んで熱を落ち着かせる、とのこと。

ローストビーフのサンドイッチ

上のレシピの翌日、残りをサンドイッチにしてお弁当に。パンにバターとマスタードをぬり、人参のラペ（P69）、クレソン、ルッコラ、ローストビーフをはさむ。人参のラペは、せん切りした人参をレンジで1分しんなりさせてから好みの調味料で和えるだけ。

ローストビーフ焼き飯

フライパンにバターを熱し、ご飯を丸く広げ、混ぜずに、お好み焼きみたいに焼く。かぶの茎を加えて鍋肌から醤油をジュワッ。醤油を焦がすようにさらに焼く。火を止めてローストビーフを加え、軽くほぐすように混ぜる。

トマトの塩漬け

湯むきしたトマトを2㎝の厚さに切り、ボウルに入れて全体に塩。つぶれない程度の重石をして1時間以上おく。むっちり嚙みごたえのある甘いトマトになる。帰省時に母が作っていてこれは美味しいと思いました。出てきた水分は氷を入れて飲んでも美味しい。

茄子と生姜のにゅうめん

素麺はゆでて冷水で洗っておく。フライパンに多めの油をひき、切り目を入れた茄子を焼いておく。鍋にだし、醬油を煮て茄子を加え、やわらかくなったら素麺を入れる。再度沸いたら火を止め、おろし生姜をたっぷりのせる。

しらすとすだちのパスタ

　フライパンにオリーブ油とバターを熱し、パスタゆで汁、塩、白こしょうを加えてふつふつと乳化させ、しらすを加えて火を通す。ゆでたてのパスタ、パルメザンチーズを加えてフライパンをあおる。食べる前にすだちをたっぷりしぼる。

アジと香味野菜たっぷりのサラダ

　ナンプラー、オリーブ油、レモン汁、生姜、塩、こしょうを合わせたドレッシングにアジ刺身を漬け、よく冷やしておく。みょうが、大葉、クレソン、オクラ（さっとゆでて）とざっと混ぜ合わせる。

オクラとみょうがの豚巻き

　豚薄切りに塩、こしょうしてオクラとみょうがを巻く（みょうがは縦に切って連結させオクラと長さを揃える）。フライパンに油を熱し焼きつけ、肉の色が変わったら脂をふいていったん火を止め酒、醤油、みりんのタレを流し入れて煮からめる。

アジとローズマリーのオイルソテー

フライパンにオリーブ油を多め（アジの身の厚さ程度の深さ）にひき、ふり塩をしたアジの身側を下にして並べる。ローズマリーをのせて蓋。弱火で5〜6分じっくり火を通す。これだけなのにとても美味しい！

あさりと大葉のリゾット

鍋にオリーブ油とにんにくを熱しあさりを炒め、白ワインを加えて蓋。殻が開いたらあさりをとり出す。この汁に湯を足してスープに。別鍋にオリーブ油と米を炒め、スープを数回にわけ加えて煮て、バターと塩でととのえ、あさりを戻し最後に大葉を散らす。

土用しじみと生姜の雑炊

しじみは真水で砂抜きして、水から煮てアクをとり、身をとり出しておく。鍋に汁と身を入れ、洗ってぬめりをとった玄米ご飯を加えて中火で15分煮る。醤油でととのえておろし生姜をのせる。

冷や汁

きゅうりとみょうがは刻んで塩もみしておく。大葉を刻む。アジの干物を焼いて身をほぐす。すり鉢で白ごまをあたり、味噌を加えて昆布だしでのばし、すべての具を入れ、冷やしてご飯にかける。

9月

ひと雨きそうな夕暮れ。
野分をまっぷたつに割って、
ママチャリは駆けぬける。
燃えるような彼岸花を見た。
キッチンには粘膜色した無花果、
赤い花と実はどこか恐ろしい。
爪を刺し入れて指で割く。
体の中に手をつっ込むみたい。
大事なものがこぼれ落ちないよう
指ごと舌にからませた。

無花果とかぶのサラダ

果物は土に根を張った樹に実るもの。だから、同じく土生まれの野菜のように、気負わずサラダに仕立てる。

家族にちょっとした祝い事があった日、シャンパンの前菜にと、思いつきで手を動かして作ってみた。

かぶはくし切りにして薄く塩もみする。水気をふいてから、グリルで軽く焼いておく。くし切りにした無花果とかぶを皿に並べ、リコッタチーズ、もしくはカッテージチーズをひと口大にちぎって散らす。塩、オリーブ油、レモン汁、ヘーゼルナッツシロップを好きな量かける。

仕上げは口の中で。じゅわ、とろ、ざら。酸っぱさ、甘さ、青い香り。いろんな舌触りと味わいが混ざるこんなサラダ、フルーツでなきゃ作れない。

蒸し里芋の塩レモン

蒸した里芋の皮をつるんとむき、フォークで適当につぶしてオリーブ油ひと回し、レモンをギュッ、粗塩ぱらり、こしょう。ねっとりした里芋と一緒に、舌のうえで粗塩がじゃりっとするのが美味しい。

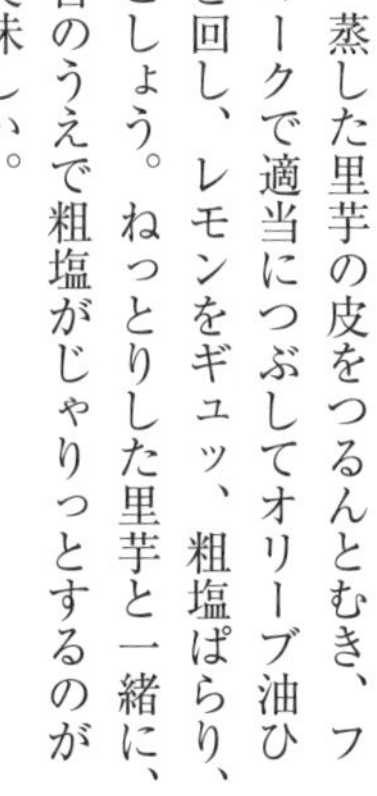

花ニラのお浸し

花ニラは40秒ほどゆでてざるにあげる。香りが飛んでしまうので水にはさらさない。昆布だし、煮切りみりん、醤油、塩でととのえた汁に20分以上つける。スーパーに並んでいた最後の1袋。甘くてシャキシャキ。

さんまのコンフィ

さんまの水気をふいてバットに並べ、オリーブ油とサラダ油を同量ずつひたひたに注ぐ。芽を取ったにんにくとローズマリーをのせ100度のオーブンで5時間加熱。

真野遥先生 @harukamano に教わった鮎（あゆ）コンフィをヒントに。添えたのはおろしきゅうり、みょうが、実山椒。

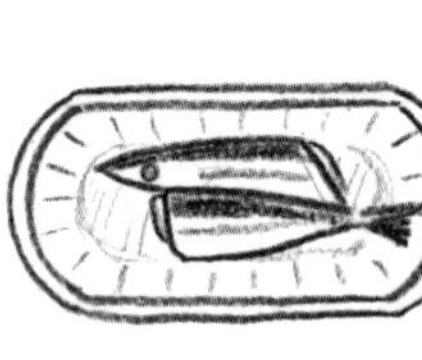

シンガポールチキンライス

バスマティ米1に対し鶏のゆで汁1・2を加えて炊く。ライスに刻んだたくあんと香菜を混ぜ、鶏をのせる。鶏のゆで汁は塩、こしょうして味をととのえる。シンガポールのユーノス駅近くの屋台で食べた一品があまりに美味しく、真似してみました。

モロヘイヤと春雨のスープ

昆布だしで豆腐、モロヘイヤ、春雨を煮て鶏ガラスープの素で調味、最後にナンプラー。ほか、玉ねぎとめかぶの酢の物の玉ねぎは「真白」というやわらかい品種。薄切りして水にさらしてから、めかぶと二杯酢を合わせる。

塩ゆで落花生

塩を多めにきかせてビールと。圧力鍋に生の落花生と水、塩を加えて火にかけ、ピンが回りはじめてから5分加圧。ふっくら、ホクホク。

梨と生ハムのサラダ

冷やした梨とゆでたじゃがいもにオリーブ油と塩、こしょう。生ハムをのせる。ジュリアン・バーンズのエッセイのなかに梨といもとハムを一緒に食べたら死ぬほど旨いという一文があり、生ハムで再現してみた。

ジャスミン塩豚①

水350ccでジャスミン茶を煮出し塩42g（水の12%）を加え冷ます。茶葉ごと密閉袋に注ぎ豚肩ロース350gを漬けて一晩冷蔵庫へ。知人曰く塩をすり込むよりこのほうが液成分の交換が行われて旨いと。

ジャスミン塩豚②

昨夜漬けた塩豚。さっと洗って水気をよくふき5㎜厚さにスライス。蒸しと焼きの両方で食べてみた。美味しい。

レタスとすだちのサラダ

レタスに塩、オリーブ油、すだちをしぼっただけのシンプルなサラダ。上のジャスミン塩豚を巻いて食べたり。

白子の酒蒸し

スーパーにタラの白子の新物があったので蒸し物に。器に昆布を敷き酒をふり、白子（まんべんなく火が通るようにキッチンばさみでいくつかに切りわけた）と豆腐をのせ蒸す。ポン酢たらり。ほか、真鯛塩焼き、きんぴらごぼう、かぼちゃ煮。

タラコスパゲッティ

二人ぶん。フライパンにバター10gとオリーブ油大さじ1を入れ弱火にかける。ふつふつとしてきたらパスタゆで汁大さじ2を加えよく混ぜて乳化させ、ゆでたてパスタを加え手早く混ぜ火からおろす。タラコ、バター10gを加えよくからませる。

まぐろ湯葉丼

刺身用の湯葉、切り落としのまぐろをごま油ほんの少しでまず和えて、わさび醬油。白ごまを混ぜた十八穀米にのせる。最後に刻んだ大葉を。ほか、ひじきや椎茸や高野豆腐など色々混ぜ煮、モッツァレラチーズにオリーブ油と赤紫蘇。

鶏もも肉のグリル

皮つきもも肉の皮に切り目を入れて塩、こしょう。オリーブ油を馴染ませ、ローズマリーを裏表貼りつけるようにして1時間おく。炭火で皮目から焼き、最後に塩、こしょう、レモン。この日は天気が良かったのでＢＢＱをした。

かぼちゃと塩豚の炊き込みご飯

豚ばらブロックは朝のうちに塩をもみ込んでラップでくるんでおいた。さっと洗って厚さ1㎝の食べやすい大きさに切り、1分ゆでてアクを抜く。面倒でもこの霜降りは必ず。米を洗って、1・2倍の水、酒少々、塩と醬油各少々、塩豚、一口大に切ったかぼちゃをのせて、いつもと同じように炊く。

サバとトマトのバルサミコ炒め

一口大のサバに塩、こしょうし、片栗粉をはたいてフライパンで焼く。表面カリッとしたら、湯むきトマトくし切り、ねぎを加え鍋をあおり、バルサミコ酢、醬油、みりんを合わせたタレを流し込む。鍋を揺すりながら煮からめて照りを出す。

帆立とシャインマスカットのサラダ

帆立の刺身は薄切りして薄くふり塩しておく。マスカットも薄切り。ドレッシングは白ワインビネガー、オリーブ油、塩、こしょう。最後にピリッと辛みのあるスプラウト、クレスを散らす。

炒めないそぼろ豆腐

豚ひき肉に塩、こしょう、生姜。鍋に入れ酒をかけ、たまに大きく混ぜつつ酒蒸しに。火が通ったら豆腐を手でくずして加え、オクラの小口切りを足し、ひと煮立ちしたら塩麹で調味。オクラの粘りで片栗粉不要。子も大人も一緒に食べられる。

素揚げ大根の海苔塩

いちょう切りした大根の水気をよくふき高温で素揚げ。油をきり、熱いうちに塩、青海苔、白ごまをふる。ほか、鰆（さわら）西京焼き、白菜とツナのマヨサラダ、蓮根と椎茸の味噌汁。

玉ねぎとクミンの洋風煮物

鍋に水と玉ねぎを入れ、塩少々ふって火にかける。水は玉ねぎの高さの半分くらい。沸いたらクミンパウダーと顆粒コンソメを加え、玉ねぎがやわらかくなるまで弱火で20分ほど煮る。自然に冷まして味を含ませる。クミンを使った煮物はおすすめ。醤油味ばかりの献立だと飽きてしまう。

無花果とモッツァレラのサラダ

皮をむいた無花果とモッツァレラは共にくし切り。ドレッシングはオリーブ油、白ワインビネガー、粒マスタード、塩、こしょう。

かぶと蓮根の柚子こしょう炒め

厚さと大きさを揃えて切った蓮根とかぶ。フライパンに油を熱し蓮根、かぶ、かぶの葉の順に塩をして炒める。火が通ったら、柚子こしょうを酒とみりんと醤油でといたものを鍋肌から流し入れてざっと炒め合わせる。

山芋とクレソンのスープ

すりおろした山芋を鶏ガラスープでゆるめ、刻んだクレソンを加えてひと煮立ちさせる。ナンプラー好量でととのえ、味を見て塩。ニラでも美味しそう。ほか、カレーは作り置きの冷凍もの。青大豆の煮たの。

ごぼうのポタージュ

フライパンにオリーブ油を熱し薄切りごぼうと玉ねぎを炒め（量は2対1くらい）塩、こしょう。コンソメスープを加えてやわらかく煮る。熱がとれたらミキサーにかけ、鍋に戻してスキムミルク（離乳食用に常備）でととのえる。仕上げにオリーブ油とこしょう。

豆腐とハムの旨煮

小鍋に手でくずした豆腐（水きりしない）、酒大さじ1を入れ火にかける。鍋を軽く揺すりながら煮て、豆腐からじゅうぶん水分が出てきたら鶏ガラスープの素、ハムとバジルを加える。1～2分煮て塩でととのえる。

10月

朝一番に湯を沸かし
乾いた台所に湯気を放つ。
蒸すのは人参、きのこ、さつまいも。
まるごとつぶして乳を注ぎ
マーブルをぐるりと混ぜる。
「お砂糖入れてる？」
何度も聞かれるくらい、甘くて濃い。
時間よ、止まれ。
ポタージュスープを作るなんて
幸せの象徴みたいに思っていた。

レモンのスパゲッティ

一年中いつ作っても美味しいけれど、特に秋になると作りたくなるレシピがある。10月頃から収穫がはじまる、無農薬の国産レモンを使ったスパゲッティだ。

フライパンにオリーブ油とバターを温め、レモンをしぼり入れる。最低でも一人½個ぶんはほしい。パスタのゆで汁を加えて乳化させ、塩をぱらり。酸っぱすぎたら、砂糖をほんの少しだけ足すと角がとれる。ゆでたパスタを加え、フライパンの中身をまんべんなく馴染ませ、最後にパルミジャーノをたっぷりかける。

乳化という大事な工程を経て、お馴染みの果物がごちそうに変わる。レモンとパルミジャーノ、どちらも欠けてはならないのだ。

ローズマリー焼きいも

10時のおやつに。縦長に切ったさつまいもに薄く塩をふって和え、テフロン鍋に並べ、ローズマリーをのせて蓋。たまにひっくり返して20分ほど弱火でじっくり蒸し焼きにする。ひっくり返すときは指でひょいっとつまむとラク。

焼き舞茸とゴルゴンゾーラのうどん

撮影続きの週。大人は深夜帰宅→15分で晩ご飯。ゆでたてのうどんに、グリルで焼いた舞茸をのせて、ワインのつまみの残りのゴルゴンゾーラをちぎって海苔をぱらり。麺つゆ少し。よく混ぜ混ぜ……悪くない。白菜は塩もみして生姜とレモンをしぼってサラダに。

里芋のむちむちポテサラ

簡単に昼食。ムチン×ムチンのねばねばポテサラダ。ゆでてつぶした里芋と納豆を、マヨと塩麹1対1で味付け。ほか、玄米、水餃子と野菜のスープ、ぶどう。

鯛のスープスパゲッティ

鯛のあらにふり塩して熱湯を回しかける。鍋に水と酒を同量沸かし、あらを加えてぐつぐつ煮て（アクをとりつつ30分以上）、塩で調味。パスタは短く折ってからゆでる。パスタにスープをかけ、すだちをキュッと。ほか、山芋と舞茸の梅肉和え、こんにゃくのステーキなど。

海老しんじょう揚げ

背わたをとった海老を包丁で叩き、山芋すりおろし、卵白、塩、酒、生姜、干椎茸を加えて練る。食べやすく丸め、片栗粉をまぶして揚げる。ほか、干椎茸の戻し汁で炊いた玄米生姜粥、小松菜お浸し、根菜と昆布のマリネ。

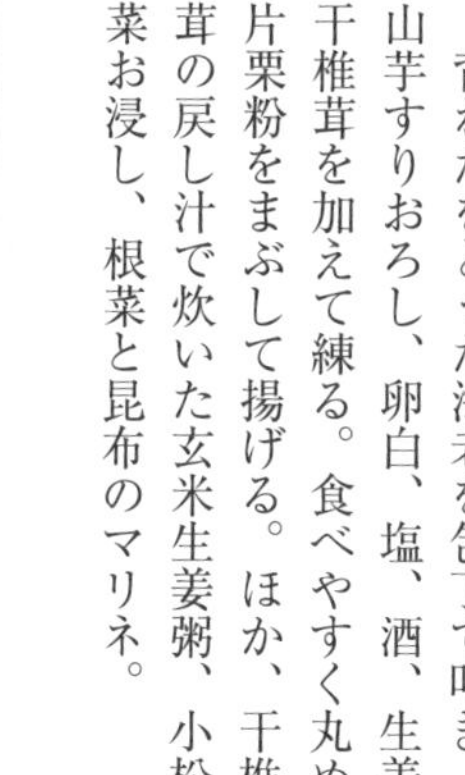

蓮根照り焼き

すりこぎで叩いた蓮根を手でさらに割り、醤油とみりんをからめるように炒めて照り焼きに。「レディーサラダ」の黒酢和えは一度酢洗いしてさらに酢と塩、砂糖少々。さんま刺身。九条ねぎたっぷりの蕎麦。合わせた日本酒は「若鶴苗加屋」。夫が出張から戻り久々の団らん。

かぶの葉としらすの混ぜご飯

さっとゆでて刻んだかぶの葉を塩でもみ、しらす、せん切り生姜と一緒に炊きたてのご飯に混ぜる。ほか、まぐろと焼きねぎの酢味噌和え。

焼きりんご

りんご2個を2㎝の輪切りにし、ナイフで芯をくり抜く。干ぶどう大さじ1をウイスキー大さじ2に漬けておく。フライパンにバター を10g加えて火にかけ、りんごを並べて蓋。中火5分、弱火5分焼く。ひっくり返し砂糖をふり、ぶどうとウイスキーを加え、蓋して弱火で10分焼く。シナモンをふりアイスを添える。

レタスと厚揚げのしゃぶしゃぶ

煮干しだしに醤油、白だしを少し加えた汁で、レタス、ニラ、薄切りした厚揚げをさっと煮るだけ。

マッシュルームご飯バター醤油

お酒の〆にちょっと変わったご飯。マッシュルームは布巾で汚れをはたいて薄切り。レモン汁をかけておく。熱々の玄米ご飯にバターを多いかな？ってくらいのせ醤油をたらり。熱いうちによく混ぜる。マッシュルームをのせ海苔を散らす。これはなかなか乙なものでした。

貝割れ菜のコンソメお浸し

耐熱容器に熱湯を注ぎ、顆粒コンソメをとかす。15秒ゆでた貝割れ菜をつけて20分以上おくだけ。コンソメではなく和食のだしで作るのはかの向田邦子氏のメニュー。私のは超手抜きバージョン。お酒の箸休めにぴたり、合う。貝割れに光。

イワシとねぎの梅鍋

鍋に水と酒を1対1、梅干し、生姜を加え火にかける。沸いたらイワシ（ワタをとってよく洗い水気をふく。ぶつ切り）と焼きねぎを加え、アクをすくいつつ20分煮る。香りづけに醤油ほんの少し、すだちをキュッと。ほろほろのイワシ、脂がとけ出たスープ……夫曰くイワシってこんなに美味しかった？

肉豆腐

フライパンに昆布だし、酒、砂糖、醤油を煮立て、くし切り玉ねぎを加え5分煮る。牛切り落としを広げながらしゃぶしゃぶしゃぶして加え、色が変わったら端に寄せる。豆腐を入れて、煮汁をかけつつ3〜4分煮たらできあがり。

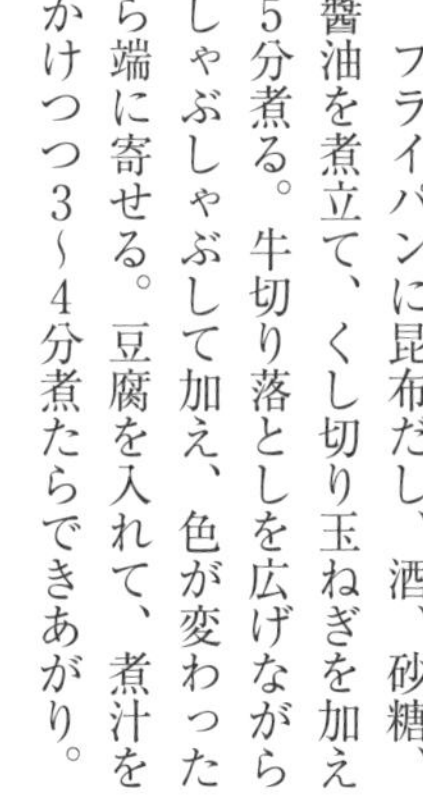

ししゃも南蛮漬け

鍋に酒と水同量を沸かし、醤油、鷹の爪、みりん。再度沸いたら火を止め、粗熱がとれたら酢を加える。刻んだ野菜、片栗粉をまぶし焼いたししゃもを漬ける。ほか、もずく入り玄米粥、がんもどきとキャベツの煮浸し、焼きねぎの柚子こしょう和え。

さつまいもと豚のカレー

小さいひとからのリクエスト。鍋に油とにんにくを熱し、粗みじん切り玉ねぎと豚バラ肉を塩こしょうして炒める。豚に火が通ったら、サイコロに切ったさつまいもを加え、水（お玉2杯）を足し、蓋して煮る。さつまいもがやわらかくなったら、ソース、ケチャップ、カレー粉でととのえる。

イカとアスパラのエジプト塩炒め

会社で憧れの「エジプト塩」をもらって小躍り。フライパンに油をひき、厚揚げとアスパラ（下ゆで済み）を焼きつけて、イカを加える。酒とみりんにエジプト塩をといたものを最後に加え、フライパンを揺すって強火で炒める。ほか、キクラゲはさっとゆで、わさび醤油でお刺身風に。

根菜と豚団子のシチュー

団子は豚ひき肉、炒め玉ねぎ、パン粉、卵、ナツメグ、塩、こしょう。フライパンに多めの油をひき焼いておく。ごぼう、かぶ、じゃがいも、水に塩を加えて圧力鍋で煮て、やわらかくなったら蓋を開けてローリエを加え、豚団子を入れひと煮立ち。食べるときに「エジプト塩」をぱらり。

揚げ鶏のねぎソース

鶏もも肉におろしにんにく、生姜、醬油を馴染ませ15分おく。軽くふき、片栗粉をまぶし170度と200度の油で2度揚げ。粗みじん切りねぎ＆ザーサイ、だし、醬油、酢で作ったタレに、揚げたてを浸す。ほか、春雨サラダ、ひじき煮物、白菜のお吸い物。

ねぎとしらすの チーズチヂミ

　ねぎの青い部分をたっぷり小口切りし、しらす、チーズ、全粒粉、卵、水、塩少々と混ぜ、フライパンで焼いて酢醤油で食べる。ほか、春雨とハムのサラダ、色々きのこのスープ。

焼きサバと ごぼうの鍋

　鍋に昆布だしと酒、ささがきごぼう、舞茸を入れ火にかける。ごぼうがやわらかくなったら、魚焼きグリルでこんがり焼いておいたサバ（薄くふり塩）を加え、蓋してさらにぐつぐつ。味付けは醤油のみ。サバの香ばしい焼き風味と脂が素晴らしい調味料に。食べるときにすだちをキュッと。

生姜のかき玉汁

　昆布だしに酒少々。生姜のせん切りと豆腐を煮て、塩と薄口醤油。生姜のしぼり汁を再度加え、ひと煮立ちしたら溶き卵（塩少し加えてよく混ぜてある）を流し入れて火を止める。

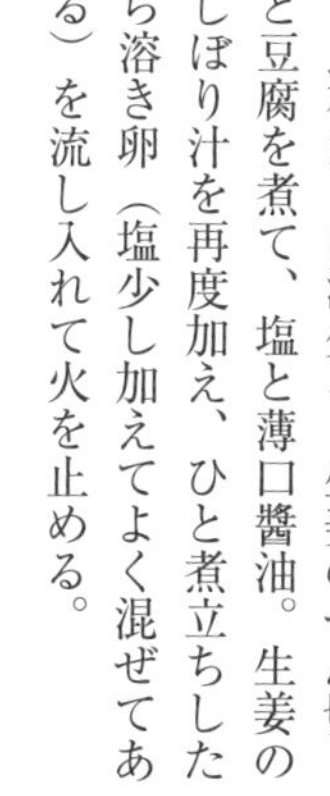

秋茄子煮

　ガクにぐるっと包丁を入れて切りとり、縦半分に割った茄子。細かく切り目を入れたら、沸いただしに入れ、醤油とみりん、塩でお吸い物程度にととのえ10分ほど煮る。一度冷まして味を含め、再び温め生姜のすりおろしをのせる。

暮らしの話⑥

時知らず、キッチンの薬箱
～私の定番レシピ24～

一日の終わり。寝る前のちょっとした時間に、ラジオを聴いたりその日の出来事について夫と話しているとき、耳や口は忙しいけれど「目と手は自由」という瞬間が訪れます。そんなとき私はいそいそとやっとこ鍋を出し、油揚げの旨煮を作りはじめます。鍋の直径は15㎝。水１００cc、油揚げは２枚、所要時間は15分。手慣れたものです。簡単で美味しい、我が家の定番レシピです。

キッチンを見渡すと、油揚げ以外にもひじき、高野豆腐、昆布、油麩、こんにゃく、かんぴょう……必ずストックしている食材が10種類以上あります。朝掘りと書かれた札がつけられた筍の華と比べたら、氷見産と謳われたブリの風格と比べたら、どれも控えめな食材ばかり。でも、年中安定した価格で買えるこれらの食材が日々の献立を支えています。〝旬〟に対して、〝時知らず〟とよべるようなものです。

旬の食材は焼いて塩をふるだけでも美味しかったり、生で食べる新鮮さそのものがごちそうになるものもあります。旬の食材に対しては凝れば凝るほど無粋。シンプルだけどちょっと気がきいている、そのさじ加減が旬のレシピの花道ではないでしょうか。

では時知らずはどうか。たとえばひじきなら、油揚げや切り干し大根と一緒に醤油味で煮るのが和食の定番です。もちろん、美味しい。でも自分だったら？　ひじきのどっしりとした磯の香りに「塩とにんにくのパンチがある味付けが合いそうだなあ」と、レストランでペペロンチーノを食べているときにふと思いついたりします。もともと「ひじきをそろそろ消費しなくては」とぼんやり考えていた〝点〟と、ペペロンチーノの〝点〟が脳内で出会って線となり、にんにく炒めのレシピ（Ｐ１３１）を考えるのです。時知らずの懐は深い。こんな思いつきでもしっかり受け止めて美味しくなるから不思議です。

一人暮らしをしていた学生の頃、誰に言われたわけでもなく時知らずを欠かさないようにしていました。値段が手頃、低カロリー、栄養価が高い、保存がラク……理由はたくさんありますが、母がいつも作ってくれていたおかずは体にいい、という感覚が身についていたのだと思います。社会人になり、ちゃんと自炊をしようと決めてツイッターをはじめたとき、まず買い揃えたのも時知らずでした。それはまるで、一家にひとつ薬箱を備えつけるような、食の記憶に根ざした作法なのかもしれません。

油揚げ旨煮

油揚げ2枚は半分に切る。沸騰した湯で5分煮て油抜きをする。いったん湯を捨て、水100cc、てんさい糖、醤油各小さじ2を加え落とし蓋。煮汁が煮詰まりそう？ 焦る一歩手前まで、15分ほど煮る。だしがなくても水でじゅうぶん。甘すぎず、自分の好きな味。一味をふる。

油麩の照り焼き

水でやわらかく戻した油麩。軽くしぼって片栗粉をはたきテフロン鍋で焼く。表面がカリッとしたら一度火を止め、醤油、みりん同量に水を少し混ぜたタレを流し入れ、火をつけて煮からめる。

雷こんにゃく

こんにゃくは塩でもんで余分な水分を出し、1～2分下ゆで。格子状に切り目を入れてからサイコロに切る。フライパンにごま油を熱し、こんにゃくを強めの中火で炒めカリッとさせる。一味、醤油を加えて強火で汁気を飛ばす。

かんぴょう煮のおにぎり

かんぴょうはよく洗い水で戻す。鍋に湯を沸かし塩ひとつまみ加えかんぴょうを7〜8分煮る。別の鍋に干椎茸だしと、醤油、砂糖、みりん同量を沸かし、かんぴょうを加え30分ほど煮たらそのまま冷ます。刻んでご飯に混ぜおにぎりに。

黒ごまバタートースト

常温においてゆるめたバターに、すりおろした黒ごまをたっぷり加えて混ぜ、パンにぬってトースターで焼く。

おからのトマト煮カッテージチーズと

鍋にオリーブ油を熱しておからを炒める。ホールトマトをつぶして加え、汁気がなくなるまで炒め塩でととのえる。カッテージチーズをのせオリーブ油たらり。子どもの離乳食用に考えたメニューだが大人のご飯にもいける。

温豆腐のおかかサラダ

ゆでた豆腐の湯をきり、器へ。醤油、もみ海苔、おかか、白ごまをかけ、スプーンでくずしつつ食べる。近所のスーパーのお姉さんに美味しいから食べてみて、と「絶品豆腐」というところのを一丁もらったんだけど本当に美味しい。

根菜と昆布のマリネ

昆布をはさみで1cm角に切り保存容器に入れ、熱湯少々を注ぎ、醬油と酢を同量、みりんを好量加えマリネ液を作る。フライパンで焼いた人参と蓮根を浸して30分以上おく。昆布がやわらかくて美味しいので次はもっと入れようと思う。

おぼろ昆布のおむすび

伊勢土産に「酒徳昆布」の太白おぼろ昆布をもらった。炊きたてのご飯でおむすびを作り、おぼろ昆布で巻いて軽くにぎる。

新生姜とゆかりのシャキシャキ

刻んで1分水にさらし、水気をふいた新生姜。軽く塩をふってギュッともみ、ゆかりふりかけと酢を加え数時間冷蔵庫へ。朝炊きたてのご飯にのせたり、ゆでささみと和えたり、半熟のゆで卵とサラダ風にしたり。

ひじきとナッツのにんにく炒め

ナッツ類はすり鉢で粗めに砕いておく。ひじきは戻して食べやすい長さに切る。フライパンにオリーブ油とにんにくスライス、ナッツを加えて火をつけ、香りがたったらひじきを加えて炒める。塩でととのえる。

白菜とひきわり納豆のスープ

せん切りした白菜に塩をふってギュッギュッともんでから仕事へ。帰宅後鍋に入れ、水なしで蒸し煮にする。くたくたになったら湯を足し、春雨、なめこを加えて煮る。最後にひきわり納豆と塩麴で味をととのえる。

ポテサラ

つぶしたじゃがいもにオリーブ油、塩、こしょう、マヨネーズ、ヨーグルト、ゆで卵、塩もみきゅうり。ゆで卵もマッシャーでじゃがいもと一緒につぶしてしまうとラク。

アンチョビのポテサラ

つぶしたじゃがいもにアンチョビ（オイルも一緒に）を刻んで混ぜる。だいたい熱がとれたらマヨネーズを加え、パセリをたっぷり。

みょうがチーズポテサラ

クリームチーズと水気をきったヨーグルトを1対1で混ぜ泡立て器でなめらかにする。つぶしたじゃがいも、塩、みょうが（輪切りにして水に1分さらす）を加えてこしょうをひく。

ゆかりとハムのポテサラ

つぶしたじゃがいもにゆかり、塩麹、ハム、ヨーグルト。

桜海老の里芋ポテサラ

皮をむいて蒸した里芋をつぶし、軽く塩、こしょう。塩麹とマヨネーズを1対1（これがとても美味しい！）、フライパンで煎った桜海老、青海苔を加え混ぜる。これは子どももたくさん食べた。

ブルーチーズのポテサラ

つぶしたじゃがいもに粗みじん切りのハムと玉ねぎを混ぜる。マヨネーズを加えこしょうをひく。一人ぶんずつ山型に盛りブルーチーズを頂にのせ、再度こしょうを。これは美味！

［ポテトサラダ］じゃがいもは4つに割って、水からゆでる。沸いてから15分ほどゆで、手で皮をつーっと引っ張ってむいてすぐにつぶす。

豚しゃぶとクレソンのサラダ

豚もも薄切りに片栗粉をまぶしてゆでる。クレソン、新玉ねぎ薄切り、塩昆布と合わせてよく混ぜ、溶き卵（白だしを少し加える）にくぐらせて食べる。卵を2ケース頼んでしまいせっせと消費……溶き卵で食べたら美味しい。

豚のナンプラー漬け

生姜焼き用のロース薄切り200gにこしょうをひき、おろしにんにく、ナンプラー大さじ1をもみ込み30分おく。鍋に菜種油を熱して焼く。せん切りキャベツを添える。これは美味しい!!　ほか古漬けと豆腐の酸辣（サンラー）スープ、ゆで野菜に「くうすみそ」。

豚汁

圧力鍋で豚肉を炒め塩、こしょう。ごぼう、大根、人参、こんにゃく、昆布だし、酒を注いで蓋。5分加圧。蓋を開けて食べるぶんだけ小鍋に移し、味噌でととのえる。たくさん作って味噌で味を決めてしまうと風味がどんどん悪くなるので、食べるぶんだけその都度。

ねぎの卵とじ

サラダ油をひいたフライパンに塩をふり、強めの中火でねぎを20秒炒める。しんなりしたら溶き卵を加えてさっくり混ぜ、火を止める。あと一品のときはこれ。

きんぴらごぼう

ごぼう3本と人参1本は斜め薄切りしてからせん切り。ごぼうは水にさらす。鍋に菜種油を熱しごぼうを炒め、油が回ったら人参を加える。しんなりしたら醤油、みりん各大さじ2、酒大さじ1を混ぜて加え、水気がなくなるまで炒める。火を止め白ごま、鷹の爪。利き手に菜箸、もう一方に木ベラをもって作る。

乙なツナめこ

フライパンに油を熱してなめことツナ缶、ねぎ小口切りを炒め、火を止めてから醤油をほんの少し。あと一品、困ったときのツナ缶。大人も子どもも好きな味。ほか、しめサバ、キャベツと油麩の煮物、小松菜と豆腐のお吸い物。

11月

階段をおりる素足が
冷たくなった。
今日あたり、出しちゃおうか。
台所にかがんでひっぱり出す。
夏がなかったことみたいな、
ひんやり澄ました土鍋がひとつ。
おでん、湯豆腐、炊き込みご飯、
あつあついくつ作ろうか。
乳白色の丸いおしりを
ポンと叩いてあいさつ代わり。

焼き梅の大根鍋

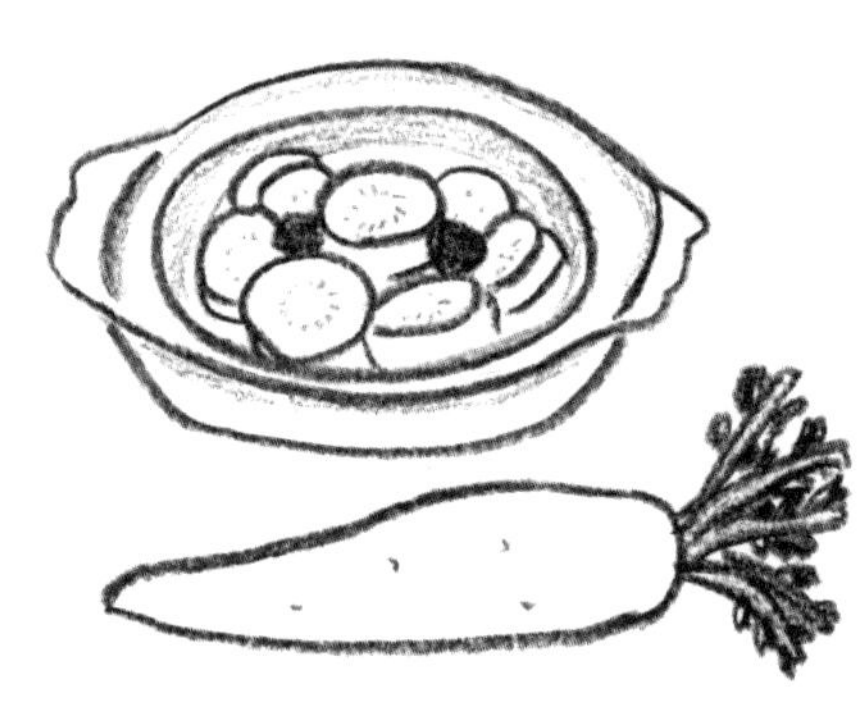

しまっておいた土鍋で最初になにを炊こうか——こう考えて、ここ何年か大根ばかり煮ていることに気づいた。

醤油味もいいけれど、三度続くと飽きてしまう。そんなとき、キオスクで買った駄菓子・焼き梅がヒントになり、焼いた梅干しを煮物に放り込んでみようと思いついたのだった。

大根は竹串が通るまで水から下ゆでし、さっと洗っておく。梅干しはグリルで焼き色をつける。鍋に梅干し、だしを沸かし、大根を入れて弱火で20分煮る。香ばしくてふんわり酸っぱい梅のスープが、大根にしみる。

梅干しを焼くときに発生する甘がゆい香りがキッチンに満ち、これがなんともいえない幸福感を生む。どういった化学反応かはわからないのだけど。

ねぎのポタージュ

鍋にねぎの白い部分の小口切り（2本ぶん）、塩ひとつまみ、洗った生米小さじ1、水200ccを入れて、20分弱煮る。粗熱がとれたらミキサーへ。水気が足りなければ水でゆるめ、鍋で温める。味が足りなければ塩。お米でとろみがつく。ねぎが甘い。とても甘い。

柿と春菊のサラダ

春菊は洗って水気を切り、食べやすく切る。柿は皮をむいて一口大に切る。春菊にドレッシング（酢、塩、こしょう、粒マスタード、蜂蜜ほんの少し）をかけて、手を使ってふわりと馴染ませ、柿を加える。

大根のステーキ おかか醤油

フライパンでまずベーコンを炒め、油がじわりと出てきたらとり出す。同じフライパンで大根（厚さ1cm弱のいちょう切り）を両面強め中火で5〜6分焼き、おかかをのせて醤油をたらす。

味噌バターの鍋焼きうどん

鍋に煮干しだしをはり、白菜、しめじ、ほうれん草などの野菜、おろし生姜、うどんを煮る。豚肉は塩、こしょうをふり片栗粉をまぶしておく。白菜がやわらかく煮えたら味噌をとき、再度沸いたら豚肉を加える。最後にバター好量を落としてできあがり。生姜もたっぷり入ってぽっかぽか。

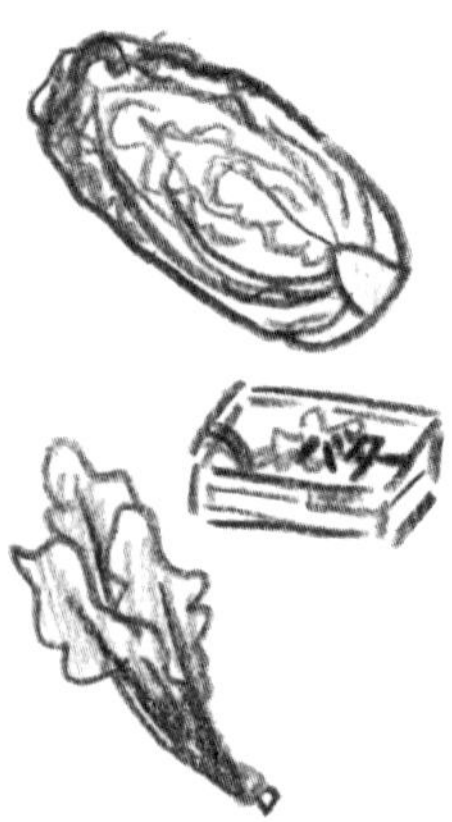

扁炉（ピエンロー）

干椎茸を戻した汁を鍋に注ぎ、沸いたら白菜のかたい部分、椎茸、鶏むね、豚ばら、白菜葉の順に加え30分煮る。春雨を加えて最後にごま油をたらしたら、そのまま食卓へ。卓上に塩と一味を用意し、各自がとり鉢で調味。妹尾河童氏のあまりにも有名なレシピ、ピエンロー。

ねぎの八角風味にゅうめん

斜めに切り目を入れたねぎを砂糖、醬油、八角で煮ておいた。濃いめの味付け。煮汁につけたまま保存。入稿で忙しく冷蔵庫にあるのを忘れかけ……で、煮汁を昆布だしでのばして温め、麺にかけたらあら美味しい。

鶏つみれのスタミナ鍋

鍋に水をはり、生姜とにんにく薄切りを入れ弱火でゆっくり煮出す。鶏つみれ（玉ねぎ入り）、豆腐、小松菜を煮て、卓上のレモンと醬油とオリーブ油で各自で調味。

人参の葉のかき揚げ

この季節の楽しみ。人参はせん切り。葉先はやわらかい部分を摘む。ボウルに葉と人参を入れ薄力粉をふりかけ、馴染ませ、全体が真っ白に薄化粧したら、水をかけてざっと混ぜ、油で揚げる。天ぷら粉を別に用意しない揚げ方、教科書的には罰点だろうけど、私はこっちのほうがうまくできる。

生姜とチーズの雑炊

鍋にだしと白菜のせん切りを入れ、白菜がやわらかくなるまで煮る。洗ったご飯とおろし生姜をたっぷり加えさらにコトコト5～6分煮る。とけるチーズ好量を入れて火を止め、大きくかき混ぜる。塩でととのえる。

かぶとハムのわさびバターパスタ

塩、こしょうして多めのバターで炒めたかぶと葉、ハム。パスタのゆで汁を加えてチューブ入りのわさびをたっぷりとき、パスタを加えからめる。甘いかぶとハムのだし、そこにわさびバターがよく合う。ほかに、白菜と海苔のミルクスープ。

豚ひき肉のすき焼き風

砂糖と塩、醤油、酒を加えて混ぜ合わせたひき肉をフライパンに広げ、お好み焼きみたいに両面焼く。フライ返しで適当な大きさに切る。いったんとり出し、白菜とねぎを加えて肉汁を吸わせ、焼き目がついたら肉を戻してさっと炒める。ほか、大根となめこと春雨の酸っぱいスープ。

アジのつみれ鍋

アジのすり身、溶き卵、片栗粉、塩を空気をたっぷり含ませるように念じつつ混ぜて粘りを出す。ちょっとゆるいかな？と思いながら、沸いたスープに落としたが、ふわっふわにできた。ささがきごぼう、絹豆腐、えのきと一緒に煮る。十穀米はチーズを混ぜて焼いてチーズ焼きおにぎりに。

舞茸と卵の巣ごもり風

舞茸で作った土手の真ん中に卵をぽとんと落として魚焼きグリルで焼くだけ。最後に一味。黄身をくずしていただきます。

ニラごま飯

玄米ご飯に、ごま油と醤油で炒めたニラ&黒ごまを混ぜる。カリフラワーのだしサラダは、カリフラワーをだし、醤油、みりんの温かいつけ汁につけて冷ましおくこと一晩。ポリポリ止まらない。ほか、サバ、赤かぶ甘酢漬け、油麩と椎茸の煮物。

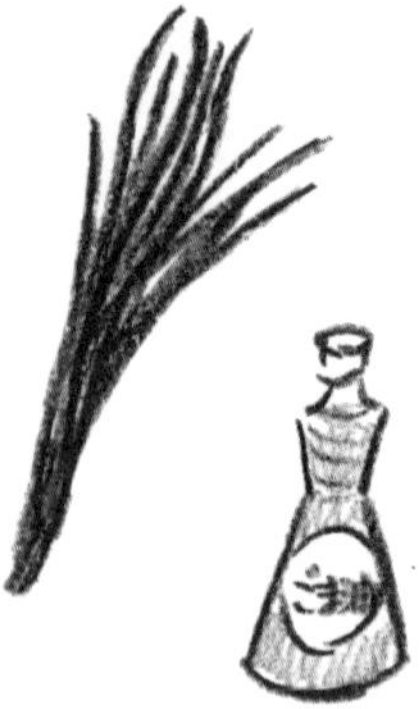

そば粉の味噌クレープ

そば粉を水でとき、テフロン鍋で小さく薄く焼く。生姜とにんにくをおろして味噌と混ぜる。クレープに味噌をぬり、きゅうりとハムを巻いて食べる。そば粉のクレープと味噌レシピは池波正太郎の本より。これを肴に日本酒。

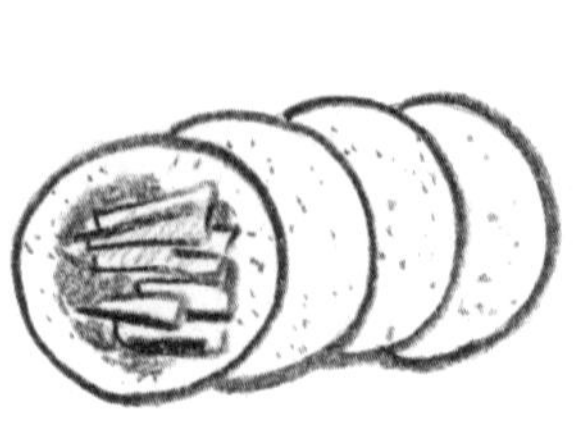

大根と油揚げの鍋

大根は皮つきのまま切って水から煮て、ふちが透明になったらいったん水で洗う。再度だしと醤油で煮て、火を止める。ここまで朝仕込んでおく。帰宅したらもう一度火をつけ、焼いた油揚げを加え、最後に香りづけの醤油をひとたらし。煮物以上、鍋未満の汁物があると便利。

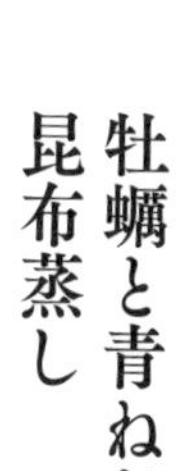

牡蠣と青ねぎの昆布蒸し

水をかけてふやかした昆布を鍋に敷き、ねぎの青いところ、牡蠣（かき）を並べ塩をふる。酒を回しかけて着火、蓋して蒸す。牡蠣がぷっくりしてきたら、豆腐をスプーンですくって落とし、蓋をしてさらに1～2分。味付けは塩のみ。焦げつかないか心配だけど水分があがってくるので大丈夫。

しらすと海苔の即席丼

熱々ご飯にしらす、海苔、一味。レシピともよべないようなもの。

蒸し鶏と焼き飯八角の香り

二人ぶん。むね肉250gは皮を下にし、せいろのサイズに合った深めの皿（肉汁豊富な蒸し汁を逃さない）に入れ、醤油と酒各大さじ2を馴染ませ、八角と青ねぎをのせ、せいろで20分。その間ねぎ入りカリカリ焼き飯を作り、蒸し鶏を添え、蒸し汁をかける。

マッシュ里芋

皮つきのまま蒸した里芋。少し冷めるのを待ち、手でつるんと皮をむいてからいい加減につぶす。オリーブ油、パルメザンチーズ、塩麹少々を加えてよく練る。ほか、鶏のカリカリ焼きは鶏もも肉に塩、こしょうをふり、鍋にオリーブ油とにんにくを温め、皮目を12分、ひっくり返し身を7分焼く。

豚ばらと里芋の八角煮

豚ばらは厚めに切って、深めのフライパンで焼き、いったん脂をふく。そこに水、酒、醤油、八角を加え、沸いたら里芋投入。里芋がやわらかくなるまで煮てみりんを足し、強め中火で鍋を揺すりつつ煮からめる。自画自賛美味、また絶対作る。

里芋のハッシュブラウン

皮をむいてせん切りした里芋7個に塩ほんの少し、片栗粉とパルメザンチーズ各大さじ1を加え混ぜる。水なし。フライパンに多めに油を熱し、厚めに広げて焼く。気長に待って裏返す。22cmのフライパンで2枚ぶん。

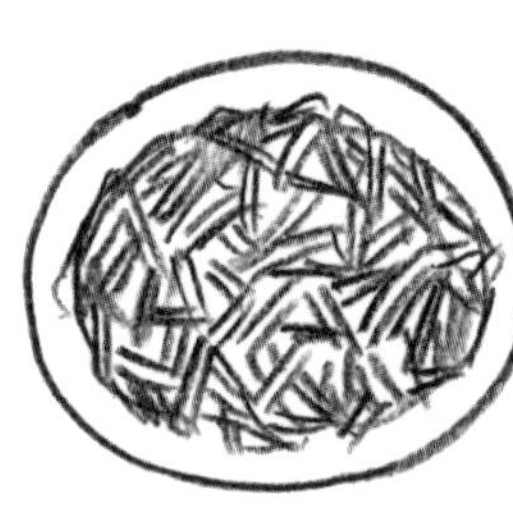

銀杏ご飯

キッチンばさみで殻を割った銀杏。水に数時間つけ薄皮をむく。殻割りに失敗し実が割れてしまったものも多いので、もうぜんぶ手で半分に割いて、洗ったお米にのせ、塩ひとつまみ。通常と同じ量の水を加えて炊く。怪我の功名？　ほっくり割れた銀杏の歯ざわり◎。ほか岩手の鰆のバター醤油焼き。

12月

七面鳥、数の子、紅白かまぼこ。
見慣れないごちそうに
売り場の拍子がずれる。
堂々、どこ吹く風の王者はブリ。
昨日まで荒海を泳いでいた熱い野性。
分厚く切って醤油をつけたら
血と脂が舌の奥でキュッと鳴った。
陸では年忘れの乾杯がはじまる。
日めくり、気ばかり急いて
仕事はちっとも片付かない。

ブリと柚子こしょうの丼

毎年12月になると母が氷見産のブリを送ってくれる。

まずは刺身で食べる。次に、ちょっと変わった丼なんかを実験のように作ってみる。そのあとは焼いて楽しむ。最後はしゃぶしゃぶ。こんな風にして数日かけて味わい尽くす。

ちょっと変わった——と書いたのは、たとえばこんなレシピだ。

柚子こしょうとオリーブ油を1対3、てんさい糖をほんの少し（耳かき一杯）、香り付け程度の醤油をよく混ぜ、ブリの刺身にまぶして15分おく。温かいご飯にのせて柚子の皮をすりおろし、細く刻んだ大葉を添える。母（かあ）サンタからのクリスマスギフトが、大人になってこんなにも楽しみになるとは思わなかった。

塩もみ大根の柚子香

皮つきのままいちょう切りにした大根と、細かく刻んだ大根の葉に薄く塩をふって、手で混ぜ合わせて3分おく。出てきた水分をよくしぼり、柚子の皮を加えて混ぜるだけ。

はんぺんとさつまいもの温サラダ

フライパンでじっくり焼いたはんぺん、さつまいも、人参。温かいうちにバターとみじん切りアンチョビと和える。子どものぶんはアンチョビを加える前にとりわけておく。

カリフラワーとレモンのリゾット

鍋ににんにくとオリーブ油を温め、生米を炒める。油が馴染んだらカリフラワーを加え、湯を数回加えて煮る。バター、パルメザンチーズ、塩でととのえてレモン汁。ほか、アボカドとピオーネとキヌアのサラダ、人参と卵のスープ。

アジの天ぷら

アジは3枚におろし水気をよくふき、卵黄と水、薄力粉を混ぜた衣にくぐらせて揚げる。レモンと塩。高野豆腐の旨煮 海苔あんは、煮汁が少なくなってきたら海苔+水溶き片栗粉を加える。ほか、小松菜とハムのごま和え、お吸い物はキャベツと「もって菊」。

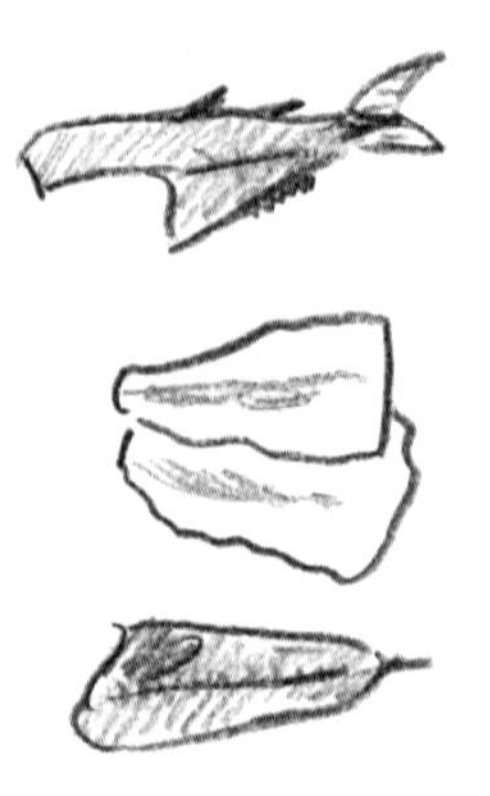

豚ばらのトマト鍋

鍋に油を熱し生姜とにんにく、豚肉を炒め塩、こしょう。色が変わったら、酒ひと回し、くし切りトマト4個ぶん、蓋できないくらいの山盛りレタス。強引に蓋して20分煮ると、水分があがりちょうどいい量に。トマトの酸味と豚の甘い脂で、調味料要らず。

鶏ときのこの山芋鍋

昆布だしと酒で鶏ももを煮てアクをとる。本しめじ、平茸、タモギ茸を加え10分煮て塩と醤油でととのえ、おろし山芋をたっぷり流し込みこしょうをひく。ほか、わかめと切り干し大根の柚子こしょうバター炒め、刺身こんにゃく。忘年会続きの夫にやさしい献立。

うにパンとシャンパン

『グランメゾン東京』（TBSテレビ）を見て、うに味のパンとシャンパンなんて最高だなぁと思わない人がいるでしょうか。薄く切ったバゲットを一口大に切り、カリッと焼いた熱々のところに、冷たい薄切り無塩バター、うにをのせ、塩をちょこんと。一口で頬張りシャンパンで流し込む。

かぶの味噌チーズ焼き

味噌をみりんでといて、茎を少し残してくし切りにしたかぶのうえに箸でちょんちょんとおき、シュレッドチーズを散らして200度のオーブンで15分焼く。

海老とブロッコリーのマヨ麹炒め

油と生姜&にんにくを熱した鍋で海老、下ゆで済みブロッコリー、キクラゲを炒めて火を止めたあと、マヨ、塩麹、みりん＝2対1対1のタレを加え和える。この配合お気に入り。ほか、せん切りレタスを塩昆布と生姜とナンプラーで和えたサラダ。

里芋と鶏団子の煮物

　里芋は皮をむき塩でもんで洗う。鍋にだし、醤油、里芋を入れて火にかけ沸いたら落とし蓋。10分たったら鶏団子（ひき肉、玉ねぎみじん切り、片栗粉、塩、醤油）を落としさらに15分。鶏団子には玉ねぎを入れるのが好きです。

人参の酒粕ポタージュ

　フライパンひとつで。ほろり舌ざわりが残る、食べるポタージュ。フライパンにクッキングシートを敷き、厚さ5㎜に切った人参を並べ塩、水お玉1杯。蓋して10分蒸す。マッシャーでつぶしてだしを加え、味噌と酒粕でととのえる。

牡蠣とセロリの焼きそば

フライパンで牡蠣を乾煎りし、ぷくっとしたらオイスターソースと醤油を馴染ませとり出す。同じ鍋で薄切りセロリに塩こしょうして炒め、麺を加え、サラダ油、オイスターソースを足して、ほぐしながら焼く。牡蠣を戻してできあがり。ひとり昼食の材料費に６００円も使った。

焼き餅のだし茶漬け

焼いた餅に大根おろしと納豆、ぶぶあられをのせて、塩ひとつまみ。そこに熱いだしを注ぐ。

里芋とチーズとハムのフリット

蒸してからざっくりつぶした里芋でブルーチーズを包み、俵形にととのえ、ハムで巻く。溶き卵、小麦粉、塩少々で作った衣にくぐらせて油で揚げる。チーズとハムの塩気があるので塩は控えめで。レモンをたっぷりしぼる。

バナナの熱燗

日本酒（そば猪口1杯）にバナナ（1/3本薄切り）とシナモン（3㎝）を3時間漬けたあとお燗にした。バナナは食べながら飲む。連載のネタを探り、試作。珈琲でも紅茶でもホットワインでもなく、何か温かいものを飲んで喋りたい夜に良い。これからNetflixで『マリッジ・ストーリー』を観る。

柚子バターのパスタ

ボウルにバター一人20g、柚子果汁とすりおろした皮一人1個ぶん、塩好量を入れて、そこにゆでたてのパスタを加えてよくからめるだけ。最後にもう一度皮をすりおろす。

甘いきつね丼

油抜きしてから、だし、砂糖、醤油（2回にわける）で煮た油揚げとねぎをご飯にのせ一味。ほか、しめサバとキヌアのサラダは赤玉ねぎも加えオリーブ油、塩、レモン汁で和える。隼人瓜と鶏ももスープは具を太白ごま油で炒め、だしと酒を注いで塩。

マスカルポーネの大福もどき

簡単な甘味。おちょこなどの底が丸い器にラップを敷き、塩味に煮た金時豆→マスカルポーネ→蜂蜜→マスカルポーネの順にスプーンで落とし入れて、ラップの端をキュッとしぼる。なかなから蜂蜜がとろりと。

かぶのぶどう漬け

薄切りしたかぶに薄く塩をふり、15分おく。出てきた水分をよくしぼり、ボウルに入れる。ぶどうジュースを注ぎ、干しぶどうを加えて数時間おく。一度水分をギュッとしぼり、再びぶどうジュースに浸す。二度漬けが美味しく作るコツ。シャンパンによく合う、野菜の前菜。ラベンダー色も美しい。

りんごコンポート

レンジで。皮をむき6等分したりんごを耐熱容器に入れ、水大さじ3、三温糖大さじ2、酢小さじ1を回しかけてふんわりラップ。まず3分、一度とり出しぱたっと倒して3分、再びとり出し反対側に倒して2分加熱。汁につけたまま粗熱をとる。レモンがなく酢で代用。

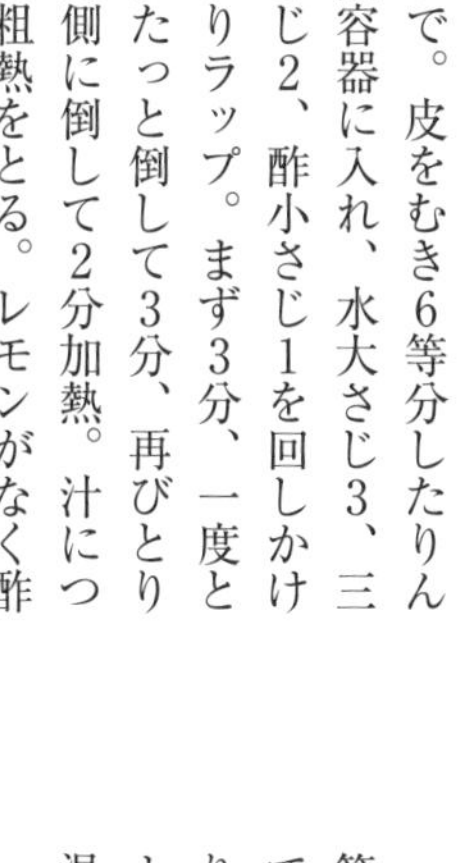

干し柿マスカルポーネ

甘味。母手製の干し柿はスプーンで簡単にとろとろとくずれる独特の食感で、売り物では手に入らないお気に入り。左手でヘタの部分をもって、スプーンでくずしながらマスカルポーネと混ぜて食べる。

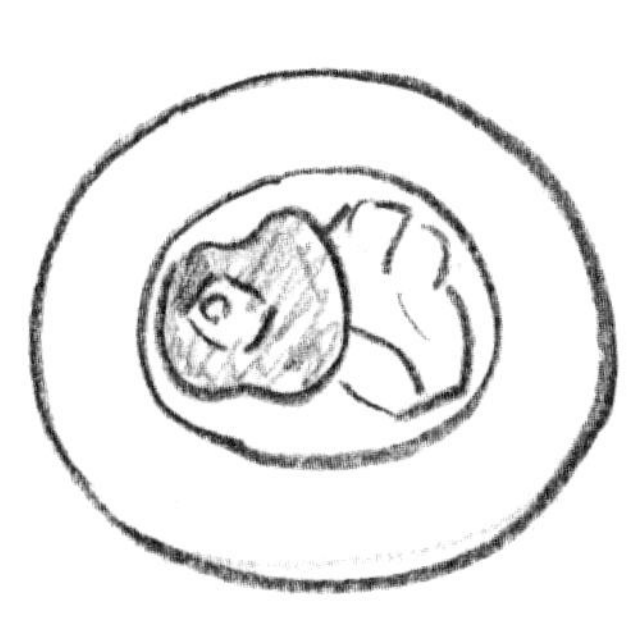

さつまいものかき揚げ

マッチ棒に切ったさつまいも。水にさらさず、薄力粉をまぶして、全体が真っ白に薄化粧したら水をかけてさっくり混ぜ合わせる。一口ぶんを箸でひょいとつまんで油に落とす。揚げたての熱々にゆかりをふって食べる。

焼き椎茸のスープ

レシピとよぶのも申し訳ないようなものだが。グリルで焼いた椎茸と、塩ほんの少し、昆布茶の粉末、鶏ガラスープの素好量を椀に入れ、熱湯を注ぐだけ。ほか、キャベツのすき焼きと一緒に。包丁とまな板を使わないレシピ(編集者の年末進行校了日あるある)。

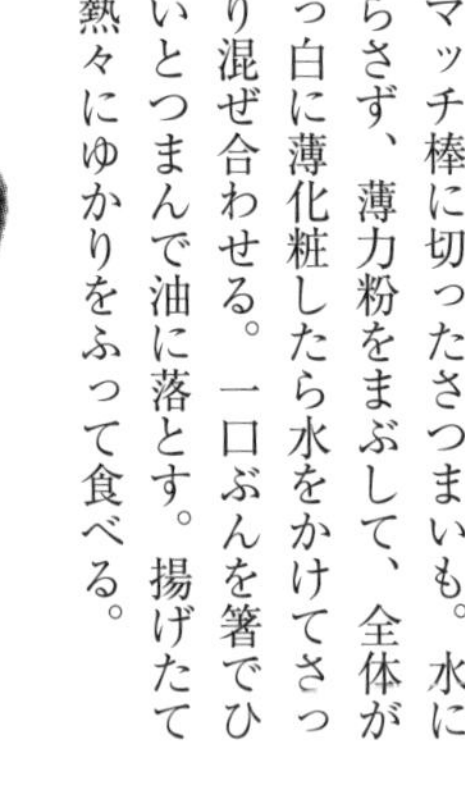

暮らしの話⑦

世界一の〝ごっくん〟
～子どものご飯とおやつのこと～

好き嫌いなくたくさん食べてくれる子をもつと、離乳食作りスキルは向上しません。ついぞ食べさせるための苦労をせずに今日まできました。子どもの食に関しては、レシピよりもまずリズムを大切にしています。食事を暮らしの中心に据え、規則正しく過ごします。ある週末を例にとると、朝食は6時30分。9時頃簡単なおやつを食べ、11時30分に昼食。お昼寝のあと15時頃しっかりめのおやつ。夕食は18時30分。胃が小さく一度にたくさん食べられませんから、わけて食べさせることになります。最低でも一日5回キッチンに立つのはなかなか大変なこと。そのぶん手抜きレシピはずいぶんマスターしました。

私なりの手抜き法は、大人の食事に少しだけ手を加えて子ども用をこしらえること。小さく切ったり、つぶしたりというひと手間はもちろん、たとえば大人がまぐろの漬け丼なら、子どもたちには、お吸い物用に作っただしを小鍋に少しもらって、まぐろをさっと煮てツナにします。「とろみづけ」ひとつとっても、片栗粉だけでなく、おぼろ昆布にだしを含ませてぬめりを出したり、ひきわり納豆を和え衣として使ったり。食材自体に味や香りがあるので、薄味に仕上げても満足感があり大人の嗜好にも合います。骨を抜いて売られている青魚は、離乳食にも大活躍。焼いたり、つみれにして鍋にしたり、大人も子どもも大好きな一品です。咀嚼（そしゃく）や嚥下（えんげ）が安全にできるのであれば、大人の好みや都合優先でも構わないというのが離乳食に対する私の考えです。ただし、味付けは薄めに。おやつは市販のものと手作りが半々。100パーセント手作りを目指していた時期もありますが、二人目の誕生を機に肩の力を抜きました。よく作るのはプリン。牛乳と卵と砂糖だけのなんてことないレシピです。

子どもにはさまざまな食材や味、舌ざわり、歯応えを体験させることがモットーですが、朝食だけは別。長男が腸炎と胃炎で入院した経験から、顔色や泣き声、排泄の様子など全身で子どもを観察することの大切さを再認識しました。それ以来、変わりやすい子どもの体調を知るため朝はいつも同じメニュー。食欲がなさそう、下痢をしている……などの変化に気づくバロメーターになります。

子どもの食事から学んだ大切なことがあります。区が実施している離乳食指導教室に行ったときのこと。せっかちに食事をさせる私を見て、先生がこう言いました。「よく嚙んで唾液と混ぜて、ごっくんしてのどを通る瞬間が一番美味しいの。しっかり味わわせてあげてね、お母さん」。その日の夕食、私ものどに意識を集中して〝ごっくん〟をやってみたら、確かに。美味しさの実体を体で感じた瞬間でした。なにを作るかよりも、どう食べるか。「美味しいごっくん通ったね」と声をかけると、顔をくしゃくしゃにほころばせてうなずく子どもの姿を見るのがなによりの喜びです。

土佐文旦ゼリー

水でふやかした寒天と水を鍋に入れ火にかけ、煮とかす。文旦（ぶんたん）は上部を切り落としナイフで中身をくり抜いて器に。中身はミキサーにかけこす。先の鍋に砂糖と一緒に加え、砂糖がとけたら器に注ぐ。粗熱がとれたら冷蔵庫で冷やして切りわける。

みかんのぽってり

みかん1個は薄皮をむいて鍋に入れ、フォークでつぶしながら弱火で煮る。ふつふつ沸いてきたら牛乳80ccを加えて、沸いたら水溶き片栗粉を様子を見ながら加える。好きなぽってり具合になったら火を止める。温かい乳と酸が合わさって、どこか懐かしい味。

なんてことないプリン

週末に作ったおやつ。カラメルはなし。鍋に牛乳２００ccを温め、砂糖大さじ2を加えて混ぜつつとかす。沸騰する前に火を止め、冷ます。卵2個をほぐし、牛乳を少しずつ加えながらよく混ぜ、ざるでこす。器に注ぎ、水をはったバットに並べて、１６０度のオーブンで40分焼く。

山芋と豆腐のチーズ蒸し

すりおろした山芋と、つぶした絹豆腐、白だし、溶き卵、みりん、塩をよく練って、おろしたパルミジャーノを加え、さっくり混ぜて10分ほど蒸す。冷やしてから食べるとふわふわで美味しい。大人は前菜に。子どもは離乳食に。

素麺のチヂミ

素麺はゆでて洗い、刻む。ボウルに素麺、溶き卵、ツナ、ほうれん草（下ゆでし刻む）、しらす、片栗粉、水と塩少々を混ぜ、油を熱したフライパンで焼く。鍋肌からさらに油をたらしフチをカリカリに焼く。開口一番、これ美味い！と夫。もとは子どもの手づかみ食べ用に考えたのだけど、大人も魅了する。

焼きサバと山芋の塩＆レモン

フライパンに少量の油をひいて、薄く塩をふったサバをカリカリに焼いてとり出す。鍋肌の脂をふき、山芋に塩をふって焼いて、レモンをたっぷりと。以上。サバは子どもの離乳食も兼ねてパルシステムの骨抜きのものを買っている。すごく便利。

1月

しこたま飲んで早寝遅起き。
おせちをつついては口に運ぶ。
「こっちが万両」「いやそっちは千両」
ひとさまの生け垣をいくつも過ぎ
破魔矢鳴らして家路につく。
祭りのあとの台所には
土深く育った根の菜がごろごろ。
そろそろ青菜が恋しくて
大根を恨めしく眺めた。
宵には鼻歌でせっせと煮る。

生の春菊とパルミジャーノの蕎麦

春と名は付けど、真冬に旬を迎えるのが春菊だ。茎も葉もやわらかいから、生で食べるのを楽しみにしている。

春菊はみじん切りにして2～3分水にさらす。ぎゅっとしぼってざるに広げ、塩をふって軽くもんでおく。

その間に蕎麦を表示時間通りゆで、冷水で洗っておく。蕎麦の水気をよくきり、ボウルを用意してオリーブ油と麺つゆでよく和え、ここに、水気をしぼった春菊を加えて混ぜ合わせる。仕上げにパルミジャーノを粉雪のようにたっぷりすりおろせばできあがり。

ご飯やパスタにも合わせてみたけれど、蕎麦が一番春菊と響き合う。寒い季節の冷たい蕎麦。どこか青いナッツを思わせる春菊の香りは、たっぷりの水で顔を洗うようにすがすがしい。

下仁田ねぎの味噌グラタン

①鍋にバターを熱しねぎと山芋を入れて小麦粉をふり、木べラで炒める。②別鍋で牛乳を温め味噌をとく。③別鍋でマカロニと人参をゆでる。②を数回にわけ①に注いで炒め最後に③を加える。器に移しチーズをかけ２５０度のオーブンで10分焼く。

アボカドの塩麴和え

ボウルに塩麴とわさび少々を合わせ、スプーンでくりぬいたアボカドを和える。塩麴に漬けたゆで卵（Ｐ１７０）も粗く刻んでざっと混ぜ合わせる。

一年の計のスープ

だしをとった昆布、野菜くず、おせちの海老殻などをぜんぶとっておいて、水からコトコト煮る。沸いたら、蓋をしないまま、コポッ、コポッと揺れる程度の火加減にして3時間。水量が半分になるまで煮る。味付けはなし。濃く、滋味深い旨み。正月の一食をこのスープだけに。胃を休める。

タラコ人参

せん切りにした人参2本ぶんを少なめのサラダ油で炒める。酒とみりんをひとふり。しんなりしたら火を止める。薄皮をはずしたタラコ2腹を加えて混ぜ合わせ、タラコがポロポロになるまで余熱で炒る。

チーズといくらのトースト

ライ麦のパンにちぎった大葉、チーズをのせて焼くだけ。最後にいくら（おせちの残り）をちょんちょんとのせて。味噌汁と煎茶が合います。

かぶと数の子のマヨネーズ和え

正月の数の子を使いきる。かぶは食べやすく乱切りして、薄く塩して5分おき、水気をしぼる。数の子と一緒にまずオリーブ油で和えてコーティングし、マヨネーズほんの少しと、ちぎった大葉を加えてさっと混ぜる。

ずわい蟹のフライ

蟹がたくさん手に入ったら作りたいと憧れていた、栗原はるみさんのレシピを参考に作った一品。炒めた玉ねぎ、薄力粉、最低限の生クリーム。そこに蟹のほぐし身をたっぷり混ぜて成形する。クリームコロッケとは違う。さくっと割ると身がほろほろとあふれ出す。これは美味しい……！

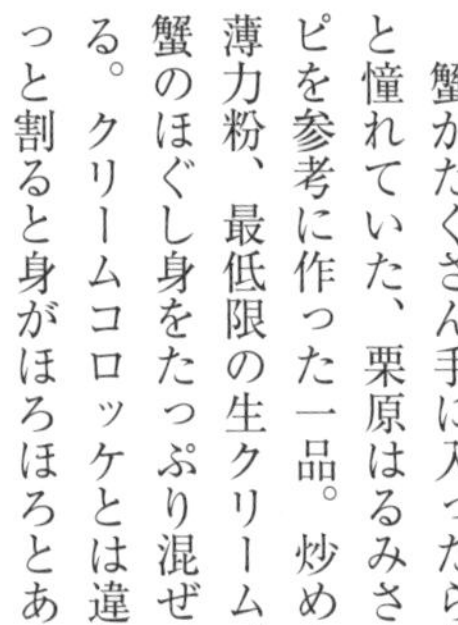

オニオングラタンスープ

鍋にバターを熱し玉ねぎを飴色に炒める。そこに湯を注ぎ、顆粒コンソメと塩、こしょうで好みの濃さに味付け。耐熱容器に移し、焼いたパンをのせチーズ（この日はカマンベール）を散らす。予熱なし200度のオーブンで15分焼く。

鶏ハム

皮つき鶏むね肉400gに包丁を入れ均等な厚さにととのえ、皮を外側にしてぴっちり巻き、タコ糸で縛る。塩と砂糖各大さじ1に水を少し混ぜ、鶏にまぶす。ぴっちりラップして1日おく。さっと洗い、たっぷりの水と共に鍋に入れ着火。弱火。沸く直前のトロ火で20分煮る。火を止め自然に冷ます。

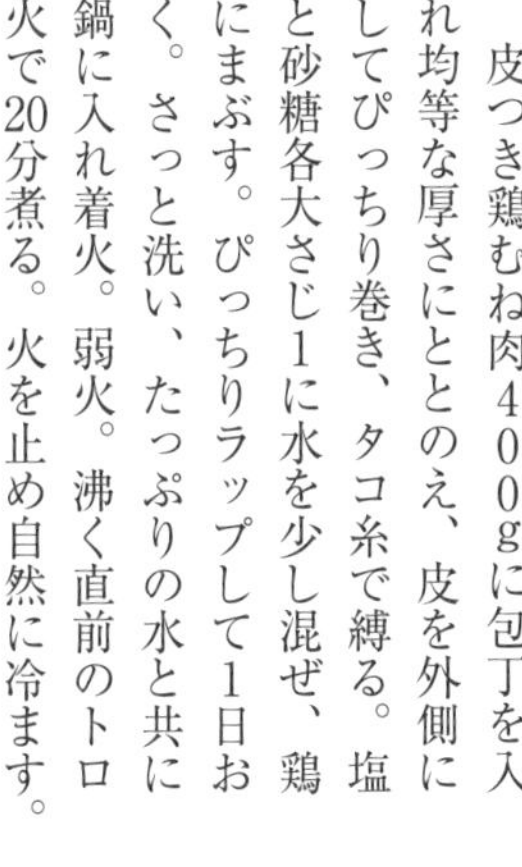

白菜とらっきょうの餃子

年末の大掃除で遠慮がちに冷蔵庫に残っていた、らっきょうのにんにく醤油漬け。5〜6個。細かく刻む。みじん切りして塩で漬けておいた白菜（ギユーッとしぼる）、豚ひき肉と一緒に混ぜて、皮で包んで焼くだけ。タレはいらない。

ゆでワンタン

逗子鎌倉に遊びに行った帰りに「邦栄堂製麺」へ。いろんな麺や皮を買ってきた。ワンタンの皮をゆでて、オリーブ油と塩をかけ、大葉、柚子の皮を散らして食べる。味も歯応えも香りもある、ごちそうワンタン皮の朝食。取り寄せもできます。

ゆで卵の塩麹漬け

ゆで卵の殻をむき、塩麹小さじ1弱をまぶしつけてラップでくるみ、口を輪ゴムでとめる。一晩おくと味がよく馴染む。冷蔵庫の卵用の棚にこうしておいておくとすぐ使えて便利です。

ねぎの海苔クリーム煮

寝る前に15㎝のやっとこ鍋で、さっと10分で作っておける一品。斜め切りしたねぎとひたひたの水、塩ひとつまみを鍋に入れ着火、5分煮たら生クリーム（Ｐ１６８の蟹のフライの残り）と海苔を細かくちぎって入れ、ひと煮立ちしたら火を止める。やっとこのやっつけおかず。

焼き肉丼

牛切り落とし肉は塩、酒、醤油、おろし生姜&にんにく、豆板醤、甜麺醤を混ぜたタレに数時間漬けておいた。鍋にサラダ油を熱し肉を炒めいったんとり出す。続けてパプリカ、えのき、ほうれん草を炒め、塩少々。肉を戻して炒め、ご飯にのせる。

ロール白菜

豚ひき肉に玉ねぎみじん切り、塩、こしょう、オイスターソース、生姜、酒を加え練る。白菜4枚はレンジ3分加熱。かたい部分をすりこぎで叩く。肉を包み、4個が窮屈に入る鍋に並べる。水をロール高の半分注ぎ落とし蓋して20分煮て、鶏ガラスープの素と塩でととのえる。

風邪撃退うどん

鍋に水、にんにく（一人2片）を入れ火にかけ弱火で10分ほど煮る。冷凍うどんを加え沸いたら塩少々と鶏ガラスープの素で味付け。おろし生姜たっぷり。片栗粉でとろみをつけ、溶き卵。片栗粉をまぶした豚肉と、ほうれん草も加えた。旅から帰って早々風邪をひいた夫。これで大汗かいて即寝てもらった。

りんごと葛の温かいピューレ

胃腸の調子をくずしている子どもに、やさしいおやつ。りんご1個の皮をむいてすりおろし、水120ccで葛粉大さじ1をといたものと、てんさい糖小さじ2と一緒に火にかけ、混ぜながら温める。ぽこっ、ぽこっ、と沸いてきたら火を止める。大人はシナモンパウダーたっぷりで。

きのこと梅生姜のスープ

だし400cc（二人ぶん）に梅干し大2個入れて火にかけ、冷蔵庫にあるいろんなきのこを加えて煮る。梅干しがふやけてとろとろになったらせん切りの生姜をたっぷり加えて火を止める。

豆腐とおぼろ昆布の柚子こしょう煮

だし、醤油、みりんに柚子こしょうをといて煮立たせたなかに豆腐を入れてひと煮立ちさせ、最後におぼろ昆布。昆布が汁を吸ってとろみになり、片栗粉要らず。ほか、大根菜めし、アジ、茶えのきの柚子おろし、ブロッコリーごま和え。

ねぎとベーコンのピラフ

厚手の鍋にバター10gとオリーブ油小さじ1を熱し、ねぎとベーコンを炒め塩、こしょう。米2合を加え、油が全体に回るまで炒めたら熱い鶏ガラスープ３６０ccを注ぎ蓋して弱火で15分炊く。10分蒸らしバター10gを加え混ぜる。

鶏とこんにゃくの旨煮

　こんにゃくは下ゆでして手でちぎる。鍋にサラダ油を熱し鶏スペアリブ（皮目から）、ねぎをじっくり焼く。焼き色がついたら干椎茸だし、こんにゃく、鷹の爪、酒を加える。砂糖少々、醤油でととのえ30分弱煮る。鶏の旨みがこんにゃくにしみて美味。

焼き餅入り粥

　米を5倍量の水から炊いて、塩ひとつまみ、しらす、もみ海苔を加える。ガスコンロの魚焼きグリルで、２㎝角に切った餅を焼いておき、粥に加える。はじめのうちは焼きの歯応えあり、食べ進むうちにお米がからみつき一体になる餅、旨し。

ハムとアボカドのちらし寿司

ゆかりとオリーブ油を好みの量混ぜ合わせておき、玄米ご飯に加えて混ぜる。海苔も細かくちぎってご飯に混ぜ込む。自家製の鶏ハム（P169）、アボカド、錦糸卵を散らす。鍼灸もヨガも整体もこなすスーパー友達に自宅で身体メンテしてもらい、一緒に昼食を。

暮らしの話⑧

飲んじゃう？
～「愛しさ」と「寝てくれ」の間～

遅くとも20時半までに子どもたちを寝かしつける我が家では、それ以降の時間は私はまず仕事。早めに切り上げられたら、夫婦で話をして過ごします。どちらからともなく「飲んじゃう？」と水を向け、その日の気分に合うお酒を少しだけ。平日は多くても2杯。子どもができてからは頻繁に飲みに出かけることがなくなり、代わりに家でカクテルを作る楽しみを覚えました。なかでも好きなのはマティーニ。ステアして、オリーブを添えて、キッチンで立ち飲みしてしまうこともあります。

家飲みのグラスはちょっといいものを。たとえば一昨年のクリスマスには、飽きのこないクリスタルを求めて何軒かお店を見て回り、銀座の「カガミクリスタル」で1組手に入れました。たびたび出かける有楽町の骨董市では「納得できるグラスが見つかるまでは買わない」と決め、あるとき1920年代スイスの華奢なグラスを発見。ひと目惚れ、即決です。気に入ったグラスで飲む冷たいお酒の美味しさは、ふぅふぅ食べるおでんや焼きいもの美味しさに負けないくらい特別なものだと思います。

贅沢といえば、仕事で帰宅が遅くなった日、一人ぶんの晩ご飯を準備するとき。子どものためにやわらかく煮る必要もないし、夫の好物に合わせる必要もない。忙しい日々にぽっかりあいたエアポケットに、さてなにを作ろう？　たとえば好物のしめサバのサンドイッチ。合わせるお酒はもちろん、マティーニです。

出かける予定のない週末は昼飲み一択。最近のお気に入りは「ジャックダニエル」のコーラ割りとポテトチップスの組み合わせ。「ジャックダニエル」の独特のクセとコーラがよく合い、そこにポテトの塩気と油。バリバリ、遠慮しない親密な音。どこか背徳感がある、魅惑的な昼飲みメニューです。

張り切るのは記念日。数日前からレシピを考え、大人のための小さな酒肴を何品も作ります。だいたいは和食のおかずの延長線上にあるようなものですが、いつもの野菜や乾物がどうしたらお酒仕様に化けるかなと考えるのが面白い。子どもたちの食事が終わったら、頭のなかは、どうか子どもが早く寝入ってくれますように、夜泣きしませんようにという願いでいっぱい。大人だけの家庭内二次会が楽しみでソワソワしていることを悟られないよう「我々もすぐ寝ますからね、あぁ眠い」と澄ました顔をするのです。子どもたちのことがたまらなく可愛いと思う気持ちと、できるだけ早く、そして長く寝ていてほしいという気持ちは、このときばかりは同じ濃度で共存しているのです。

祝いごと

この日は祝いごとがありお酒を少々。いぶりがっこにリコッタチーズをはさむ。百合根のホイル焼きは醤油とバター。貝割れお浸しはコンソメスープに浸して洋風に。つゆも飲む。鯛の刺身はナンプラー、生姜、あさつき、みょうがと和える。

忘年会

ウイスキーに合わせ色々と用意。りんごと海苔のサンドイッチは、りんご、海苔、大葉をお酒と同じ原料のライ麦パンにはさむ。『クッキングパパ』のレシピを参考にした。ほか、カカオ85%チョコ、干し杏、アジの開きなど。杏とアジはドラマ『マッサン』（NHK）の真似。

家庭内二次会

洒落たものは作れないのだが、食べる場所をダイニングから和室に変えてみた。子どもたちを寝かしつけたあと、夫と家庭内二次会。干し海老と切り干し大根入りの卵焼き、人参とレーズンのマリネ、しめサバのおぼろ昆布巻き、カマンベールチーズ、りんごと春菊の白和え、かぶのゆかりヨーグルト和え。

ワイン会

自宅でワインを飲む会。厚岸（あっけし）の「馬場商店」から殻つきの牡蠣をとり寄せ。まずは一人3個生で食べる。

マティーニ

夜家事を終えてからマティーニを作るのにはまっている。料理と少し違って、型に従って作るのが面白い。ミキシンググラスに氷を入れ、ジンを100cc、ドライベルモットを4〜5cc。ステアは100回。最後にオリーブ。あればレモンの皮をキュッとしぼって香りづけする。

ホットワイン

赤ワイン、きび砂糖、クローブ、シナモンを鍋に入れ、弱火でワインの表面が軽くフツッと動く程度に温まったらOK。ざるでこして器に注ぐ。

ウイスキーのお燗

水とウイスキーを好きな割合で混ぜ、湯煎でじわじわ温める。あるバーで出してもらったのがとても美味しくて。真似してみた。

青柚子のギムレット

ジン30cc、青い柚子（小さめ2個）果汁15cc、オーガニックのアガベシロップ小さじ1弱。夜はシェイカーはうるさいので、氷と一緒にステア。義実家で青柚子をたくさん収穫してきたので作ってみた。あぁ美味しい。

チーズ焼きおにぎり

白飯で塩むすびを作り、刻んだプロセスチーズを混ぜて一口大にまとめ、パルメザンチーズをかけてトースターで焼く。あれば本当はプロセスチーズじゃなくてゴーダチーズ、塩の代わりにザーサイの刻んだのとか入れても美味しいです。

しらすとみょうがのレモン丼

みじん切り大葉とみょうが、しらすを和えて、レモン果汁たっぷり、味を見て醤油少々。炊きたてのご飯にたっぷりのせる。

味噌とバターの海苔巻き

海苔にご飯、味噌、バターの順にのせて巻く。どこか後ろめたくて美味しい。もう一種類いぶりがっこと白ごまの海苔巻きも。ほか、イカと甘海老の昆布締め（富山の実家から）、小松菜とハムのナムル。

しめサバサンドイッチ

夫が飲みに出たので100パーセント勝手に好きなものを作る。食パンを薄く切ってトーストし、バターと辛子をぬって、海苔、しめサバを並べてサンドイッチに。軽く重石してから切る。新橋の小料理屋で食べたのだけど、そこではパンは焼かず、マヨネーズ的なものときゅうりがはさんであった。

柿とゴルゴンゾーラのトースト

パンに柿をのせ、ゴルゴンゾーラチーズをちぎって散らして焼く。最後にこしょうをぱらりとひく。普段は毎朝7時に着席、味噌汁と納豆ご飯でいただきますだが、今朝は盛大に寝坊した二日酔いが二人。

柿とブランデーのクレープ

すりおろした柿に、生姜汁、ブランデー、黒糖を味を見ながら加え、弱火にかけて煮詰める。全粒粉に牛乳を混ぜてバターで焼いた生地にのせる。甘いもの作りは不得手だけど、ふと食べたくなり家にあるものでガサゴソと。

りんごの赤ワイン煮

来客。りんごは皮つき8等分。鍋にココナッツ油大さじ1を熱しりんごを炒め、ワイン200cc、砂糖大さじ1、レモン。落とし蓋して弱火で30分弱煮る。熱々を「kiri」アイス（バニラを買うつもりが売り場で気が変わって）とともに食す。

2月

七分咲きの梅を見上げ
甘酒のざらざらを舌で転がす。
蠟梅(ロウバイ)の匂いを教えてくれた人は
秋には夫になった。
福と鬼に薄情をして
待ちきれずお雛様を飾る。
延びに延びた新年会には
牡蠣と日本酒を用意しよう。
3日少ないから、大人になった雛は
集まって温もりたがる。

春キャベツと煮干しの丸ごと煮

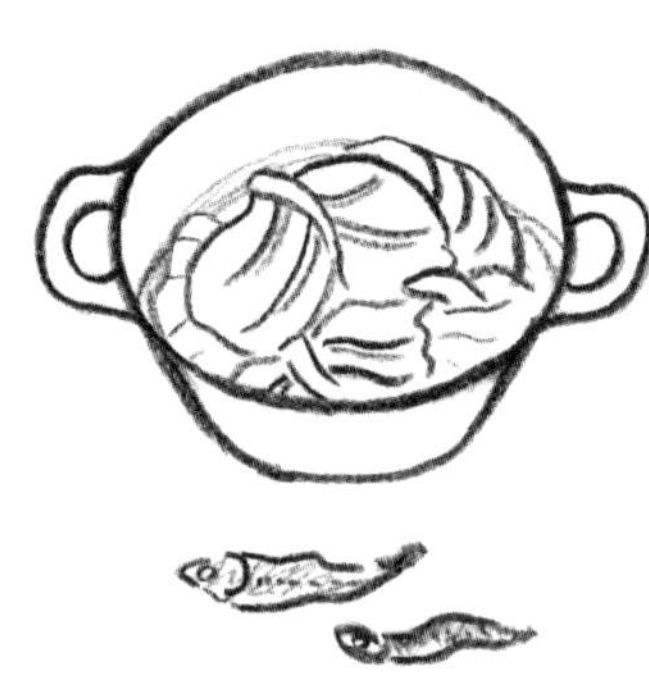

春一番のキャベツは、冬のそれより気負わず買える。巻きがゆるくて扱いやすいから、包丁を少し入れるだけで、あとは指でざっくりと割りほぐせばいい。ひと玉をあっという間に平らげてしまうお気に入りのレシピがある。

半分に切ったキャベツを断面を下にして鍋に置き、煮干し（ワタと頭をとったもの）、塩少々を入れて、水をキャベツの高さの半分注いで蓋をする。20分煮たら、味を見て塩でととのえるだけ。キャベツを箸でつまめば、葉脈がしなってどろんと丸くなる。

汁も煮干しもぜんぶいただく頃には、このレシピの主役は煮干しであると気づく。そして、磯の香りをすみずみまでまとったキャベツの素直な甘さに、心打たれるのだ。

人参とチーズの混ぜご飯

粗みじん切り人参に塩をふってもみ、油で炒め、しんなりしたら火を止める。パルメザンチーズを加えてご飯に混ぜる。子どももこれ大好き。ほか厚揚げとターサイの炒め、わかめとささみと春雨の酢の物、白菜となめこの味噌汁。

牡蠣とレタスのスープ

レタスは芯つきのまま½に切りフライパンで焼き目をつけておく。鍋にオリーブ油をひき、牡蠣を入れ塩、こしょう、白ワイン。ぷりっとしたら一度とり出す。ここにレタスと顆粒コンソメと牛乳を加え、沸いたら牡蠣を戻してひと煮立ちさせ塩で調味。

グリーンピースご飯

米2合をとぎ1時間水に浸す。通常量の水と、4〜5㎝角の昆布、塩小さじ1、酒大さじ1を加え、さやから出したグリーンピースをのせて通常と同じ時間炊く。炊き上がったら天地返しをして10分蒸らす。

ねぎご飯

いつか作ろうと思ってメモしていた「白ごはん.com」さんのレシピ（https://www.sirogohan.com/）に忠実に、煮干しだし、醤油、みりん、たっぷりの長ねぎを入れて炊く。あぁ……美味しかった……！　夫も一口食べて唸っていました。

焼き菜花と里芋のサラダ

春の苦味とヨーグルトの酸味。里芋は皮をむいてゆでる。その間に菜花を洗い、水気を切らずそのままフライパンで蓋をして蒸し焼きに。切らなくて良い。どうせくたくたになる。ドレッシングはヨーグルト＋塩麹＋味噌。里芋をつぶし、菜花、ドレッシングと和える。

イカワタのスパゲッティ

イカのワタをとり出し、包丁でなめらかに叩いて塩をふっておく。鍋にオリーブ油、にんにく、バターを温め、ワタと酒を加え焦げつかないよう炒め、ゆでたスパゲッティを加える。最後に塩でととのえる。これとても美味しかったです！

菜花とイカの温サラダ

ドレッシングが肝。冷えた白に合う。イカは軟骨を外し筒切り。菜花は３㎝に切る。それぞれ蒸籠で蒸す。このとき一緒に、イカのワタ、飲んでる白ワインひと口、バター、オリーブ油、塩をお猪口か何かに入れ箸でちょちょいと混ぜ、蒸籠の隅へ。蒸したて熱々を温かい具にかける。

イカと菜花のにんにくレモン

菜花はさっと下ゆで。フライパンに菜種油とにんにくを熱し、そこに塩ひとふり。イカを入れて火が通ったら菜花を加え、強火で一気に炒める。火を止めてからレモンをギュッと。

大根もちもち

大根おろしを汁ごと300g、白玉粉200g、大根の葉のみじん切りの塩漬け（水気をぎゅっとしぼる）、ねぎのみじん切りを混ぜて、油をひいたフライパンで中火で両面を焼く。酢醤油をかけて食べる。大根餅といえばニラだけれど、大根葉も苦味が旨味でなかなか。白玉粉が眠っている方はぜひ。

焼き豆腐のせご飯

木綿豆腐は水気をきり片栗粉をまぶして塩少しをふりフライパンで焼く。おぼろ昆布に醤油をたらしお湯を注ぐだけの手抜きとろとろ昆布ソースを豆腐にのせる。大人のメインはラム肉の炒め物。子どもにはラムではなく豆腐ステーキを。多めに作って大人のご飯にのせた。

ナポリタントースト

いつかの朝ご飯。玉ねぎを薄切りして、魚焼きグリルでしんなりするまで焼いておく。ボウルにケチャップと一味好量を混ぜ、玉ねぎを加えて和える。パンに玉ねぎ、ベーコン、チーズをのせ、トースターで焼く。

焼き豚丼

密閉袋に味噌、酒、みりん、醤油を2対1対1対1で混ぜ、豚ヒレ肉を入れる。空気を抜いて2日冷蔵庫へ。軽く洗い、予熱なし180度のオーブンで40分焼く。豚から出た脂でねぎを炒める。そば茶を炊き込んだ香りの良いご飯にのせます。

チーズフォンデュ

チーズはパルシステムで購入。具は焼きサバ、ソーセージ、蒸し海老、ブロッコリー、さつまいも。ほか、からし菜とえのきの煮浸し、トマトと玉ねぎ（薄く塩ふってもむ）をオリーブ油と塩麹で和えこしょうをひいたサラダ。

玄米とおかかの海苔サンド

チーズフォンデュをした日。海苔のうえに玄米、おかか、玄米の順に広げ、最後に海苔をかぶせ軽く押さえてキッチンばさみで一口大に切る。そのままでも、チーズをつけて食べても美味！パンよりお米が好きなので、フォンデュしやすいご飯レシピを考えた。

平目のカルパッチョ

にんにくの断面を皿にこすりつけておく。平目の刺身を並べてにんにくの風味を移す。柚子果汁、塩少々、粒マスタード、オリーブ油、酢を混ぜて平目にかける。あさつきとピンクペッパーを散らし、再度オリーブ油をかける。

しめサバと温野菜のサラダ

冷蔵庫に残っていた色々野菜のロースト、さっと皮を焼いたしめサバ、ゆで卵をサラダに。ほか、おぼろ昆布とオリーブおむすびは塩ひとつまみ加えオリーブ油で和えた玄米におぼろ昆布をまぶしつける。ターサイのスープにはナンプラーとレモンを。

海苔とツナのスパゲッティ

海苔は細かくちぎり水をかけてふやかしておく。鍋に油を熱し生姜を炒め、ツナ、海苔を合わせて、ゆでたスパゲッティを加える。塩でととのえる。

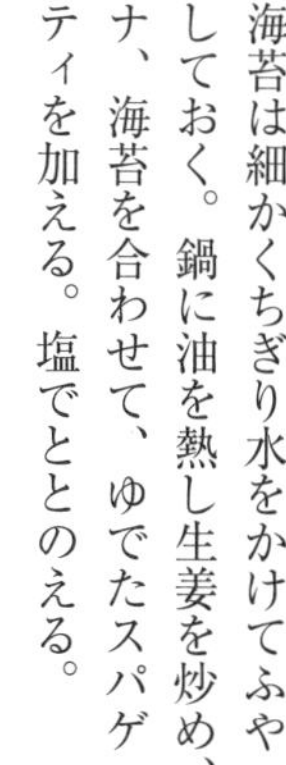

アボカドと三つ葉のお浸し

昆布とかつおのだしに醤油とみりんを加えひと煮立ちさせ、冷ましておく。三つ葉は平ざるに広げて熱湯を回しかけ、冷水にとってしぼる。アボカドは縦ふたつに割り、皮と種をとり1㎝幅に切る。アボカドと三つ葉を汁に浸して少しおく。

苺とモッツァレラ甘いジンジャー

生姜汁とアガベシロップ好量を混ぜ、苺、手で割いたモッツァレラチーズと和えるだけ。生姜は、多めで。スパークリングワインに合う。今日は嬉しいことがあり夫婦で乾杯したく保育園への迎え前に一瞬コンビニへ。苺、モッツァレラ、生ハムを買う。

生ハム大根

大根は半月切りして軽く塩をふり、5分おいて水気をよくきる。醤油と酢を同量混ぜて、大根を10分ほど漬ける。大根をさっとふいてから、生ハムで巻く。

ジャック ジンジャー ミルク

二人ぶん。牛乳400ccを鍋で温め、アガベシロップ大さじ1、生姜汁小さじ1を加える。ふつふつ沸いてきたら「ジャックダニエル」大さじ1（以上でも！　お好みで）を加えて火を止める。まだまだ寒い日、大人のおやつ。

さつまいものお餅

週末おやつ。さつまいも½本は皮をむき1cm厚さに切って水にさらし、ペーパーを敷いたせいろで蒸す。7分たったら小さく角切りした餅1個ぶんを加え3分。つぶして混ぜ合わせ、丸め、きな粉とすり黒ごまをまぶす。大人は花びら餅も。

3月

桃の節句のちらし寿司。
手順は諳んじているけれど
「あれどうやるの?」母に電話する。
新じゃが、新キャベツ、新ごぼう。
売り場に色白が並びはじめる。
火と水で手心した冬の根と違い
ゆでたら屈託なくとろけた。
自分もこうなれたら、きっと違った。
決断は春分まで待て。
占いに書いてあった。

春しゃぶしゃぶ

桃の節句と家族の誕生日を祝うため、春らしい鍋を作りたいと思ったある日。

スープの主役は蛤。昆布とかつおのだしで蛤(はまぐり)を煮て、塩でととのえる。具には春の野菜や山菜をできるだけたくさん用意する。キャベツはゆでて葉脈をフリルにし、真ん中をニラでぐるっと巻けばリボンのようになる。人参や筍、菜花、白滝も、食べやすい大きさや薄さに切って、下ゆでしておく。ほかにも、芹やふきのとう、豆腐が加わって、思いがけず、大輪のブーケを活けたように華やかなテーブルになった。これからの一年も、みんなが健康に過ごせますように――自然とそう願ったことに、料理の力を改めて感じる。

次の春も、その次も、何度でもこの鍋を囲めることを祈って。

青柳とアスパラのぬた

青柳は大きいものは半分に。アスパラは塩ゆで、乱切りして青柳と大きさを揃える。酢、白味噌を2対1で合わせ、味を見ながら砂糖と辛子を足す。青柳とアスパラを和える。

蛤潮汁

四人ぶん。鍋に昆布だし4カップ、蛤8個を入れ強火にかけ沸いたらアクをとり中火で1〜2分煮る。塩ふたつまみ、酒大さじ½、醤油香りづけに少し。椀に蛤をひとつ入れ、あいたほうの殻にも身をのせ汁を注ぐ。ほか、山菜の天ぷら、鯛の塩焼き。

蕎麦茶とごぼうの混ぜご飯

蕎麦茶を飲んだあとの茶がらをとっておき、ささがきごぼうと一緒に昆布だし、醬油、みりんで煮詰める。白いご飯に混ぜる。ほか、菊いもの甘酢漬け。皮もやわらかいのでむかずに薄切りして甘酢に漬ける。

桜バニラ

「ハーゲンダッツ」のバニラに桜の塩漬け（水につけ軽く塩抜きする）を細かく刻んで混ぜて甘じょっぱくしました。

赤かれい煮付け

卵があふれ出てる。鍋に昆布だし200cc、酒大さじ2、醬油大さじ2、みりん大さじ1を沸かす。必ずぐつぐつ煮立ったなかにかれい2切れを並べ入れ、落とし蓋をして中火で12～13分煮る。残りの汁で豆腐を煮る。

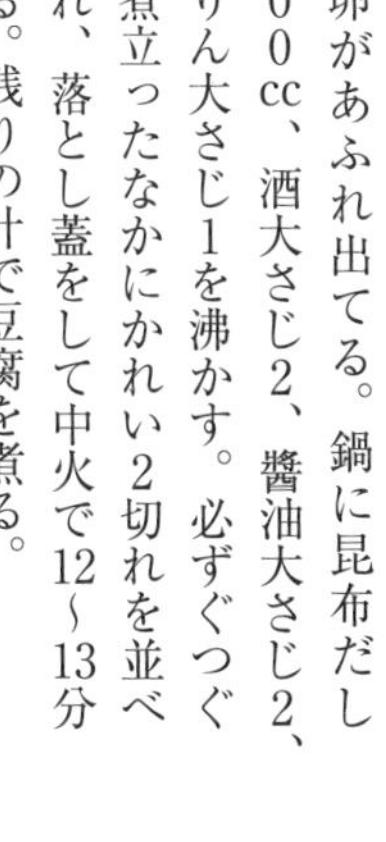

つぶし里芋の豆乳汁

蒸してから皮をむき粗くつぶした里芋を椀に盛る。豆乳を温めて味噌をといた汁を注ぎ、こしょうをたっぷりひく。ほか、ほうれん草の柚子こしょう和え。

ゆかりの粉吹きいも

じゃがいもは皮をむき一口大に切る。鍋にじゃがいもとひたひたの水を入れ、やわらかくなるまで6〜7分ゆでる。湯を捨て、中火で鍋を揺すってじゃがいもの水分を飛ばし、ゆかりをまぶす。

パリパリ大根とじゃこのサラダ

大根は太めのせん切りに。冷水に放ち水気をよくきり、酢と醤油を同量合わせたドレッシングをかけておく。鍋にじゃことごま油（多めに）をカンカンに熱し、大根にジュッと回しかけ、おかか、海苔、小ねぎを散らす。

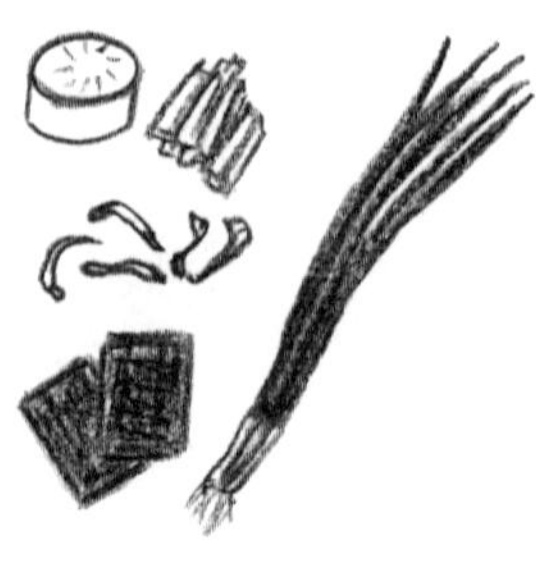

春キャベツとハンバーグの丸蒸し

キャベツは芯をくり抜き、親指を差し込んでぱっくり割る。外側の1枚はとっておく。鍋に水をお玉1杯はり、キャベツを入れ、そこにタネ（合挽肉、玉ねぎ、ごぼう、卵、塩こしょう、薄力粉）を適当に丸めてのせ、外側のキャベツ1枚をのせてから、蓋をして20分〜25分蒸し焼く。

ゆかりとごまのひと口飯

ご飯に紫蘇ゆかりと白ごまを混ぜ込んでおく。手のひらに海苔をのせ、そこにご飯をスプーンでひと口ぶん。くるっと包むだけ。おにぎりでも巻き物でもない、香りのよい気軽な昼餉。

蕎麦とハムのサラダ

乾麺の蕎麦は3㎝ほどにポキポキ折ってゆで、冷水で洗っておく。ハムは太めのせん切り。オリーブ油、塩昆布、マヨネーズで調味。ごまをふる。

ふき味噌

ふきのとう8個を半分に切り、断面を水につけ、3〜4時間さらしアクを抜く。水気をきって細かく刻みごま油で炒める。みりん大さじ2、三温糖大さじ2弱、味噌大さじ2を加え、弱火で混ぜながら練る。週末作っておいた。ほか、鮭、菜花塩漬け、ミルク味噌汁。

里芋のふき味噌和え

里芋は皮をむいて下ゆでし、一度洗ってぬめりをとる。再び水から煮て、竹串が通るまでやわらかくなったら火からおろし、ふき味噌で和える。

ふき味噌の焼きおにぎり

庭仕事休憩。暖かいので外で食べた。ふき味噌をおにぎりにのせて焼く。ほか、人参、豆腐、卵の味噌汁。きのこのマリネ。

じゃこと油揚げの混ぜご飯

細かく刻んだ油揚げと大根の皮と葉、じゃこをごま油で炒め、塩と醤油で味付け。炊きたてのご飯の鍋の蓋をぱっと開けてご飯のうえに広げて蓋をし、10分蒸らしてからよく混ぜる。

ブリのカルパッチョ

柴漬けを包丁で細かく刻み、醤油とごま油好量をたらしさらに細かく叩く。ブリの刺身にのせ、白ごまをふる。

鯛茶漬け

前の晩の鯛の刺身をあらかじめ残しておいて刻み、ねっとりするまであたった白ごまにみりんと醤油と煮切り酒を加えたタレに漬けておく。ちょっと脇にとっておいて刺身のまま食べる。残りはご飯にのせ、わさびと海苔を添える。煎茶を注ぐ。

ちらし寿司

娘の初節句のお祝いに母直伝の五色寿司を作りました。米2合を洗ってざるにあげよく水気をきり、同量の水で炊く。寿司酢（米酢60cc、砂糖大さじ1、塩小さじ1）を混ぜる。鶏そぼろ、ずわい蟹、錦糸卵、菜花塩漬け、でんぶを盛りつける。

レモン＆シュガークレープ

ふるった薄力粉50g、卵1個、牛乳100cc、塩小さじ½を合わせ、溶かしバター10g加え混ぜ20分おく。フライパンに油を馴染ませ焼く。てんさい糖をふりレモンをたっぷりしぼる。直径約16cm×6枚焼けた。「デイルズフォード」の真似。

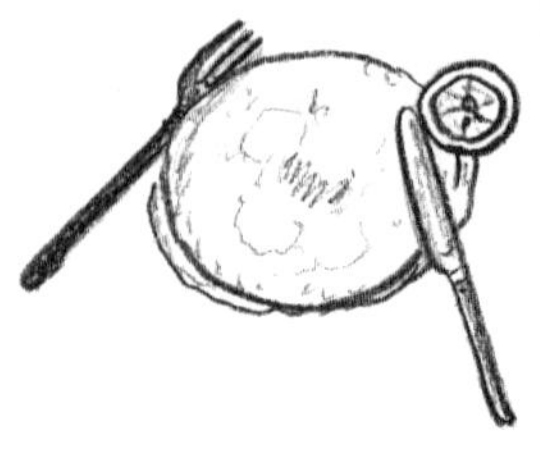

豚しゃぶと玉ねぎのサラダ

　豚ロース薄切りは塩、こしょうして片栗粉をはたき、熱湯で3〜4分ゆで、冷水にとる。玉ねぎは薄く切って冷水に放つ。芽昆布は水で戻して食べやすく切る。酢と醤油を1対1で混ぜ、水気をきった3つの具を和える。白ごまをふる。

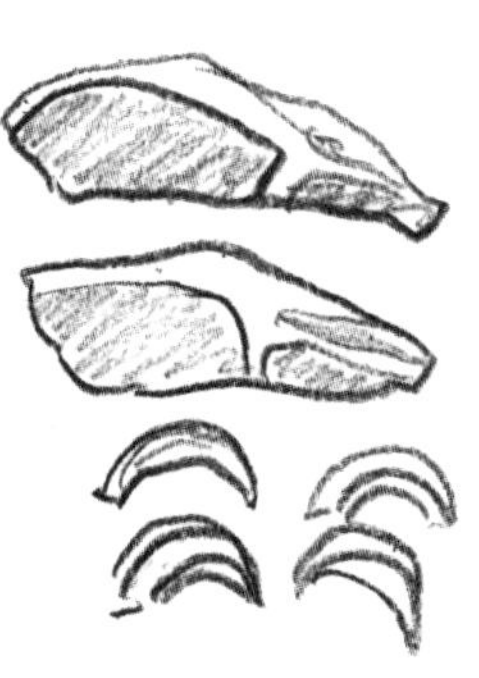

じゃがいものガレット

　これ10歳のときに初めて作ったレシピ。せん切りじゃがいも（でんぷんが糊になる。水にさらさない）、パルメザンチーズ、塩、こしょうを混ぜる。フライパンにオリーブ油をひき、じゃがいもを円形に広げのせ、ヘラで押しつけ中火で3分、裏返して3分焼く。

サンドイッチ

①パンにバターとマスタード&鶏そぼろ入り薄焼き卵（ナンプラー入り）と焼きニラ。②粒マスタードと蜂蜜をぬったパン&ツナ入りキャロットラペ（P69）。③バターをぬったパンに白すりごま&筍、ふきのとう、春キャベツのアンチョビ炒め。

クリームチーズ茶碗蒸し

レンジで30秒温めてゆるめたクリームチーズ100gに、卵2個とだし160ccを合わせた卵液を少しずつ加える。塩ひとつまみ、醤油ほんの少し。せいろで強火3分、弱火10分蒸す。友人に習ったレシピ。大2個、小1個ぶん。

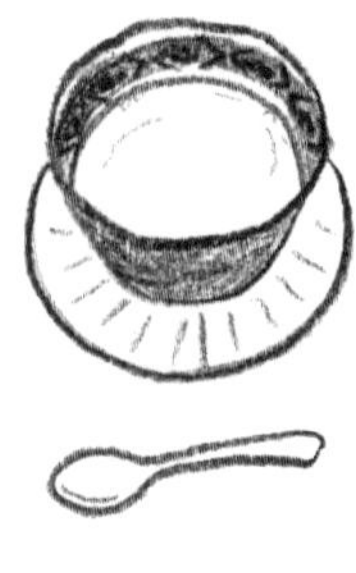

生姜佃煮

薄切りした生姜150gは水にさらし、醤油と酒各大さじ3、みりん大さじ2、砂糖小さじ1と鍋に入れ、沸いたらペーパーで包んだかつお節を加える。2分でかつお節を引きあげ15分ほど煮る。これで白飯をくるんで食べるのが美味。半分は熱々ほうじ茶でお茶漬け。

もやしのアンチョビにんにく炒め

炒める前に、もやしのヒゲをとる（芽はとらない）。フライパンにサラダ油と、みじん切りしたにんにくとアンチョビを炒め、香りが立ってきたらもやしを加えて強火でさっと炒める。こしょうをふり、味を見て足りなければ塩を少し足す。

豆腐ステーキ

木綿豆腐はキッチンペーパーでくるんでまな板にのせ、平皿で重石をし斜めに傾ける。30分以上おいて水気をふく。フライパンにバターを熱し、豆腐の各面を焼く。食べやすく切って皿にのせ、同じフライパンで醤油とみりんを煮詰めたソースをかけレモンをしぼる。豆腐、美味しいねぇしみじみ。

戦士、味噌をとく
～あとがきにかえて～

初めての自炊の記憶は、小学校に上がる前のこと。風邪で高熱を出した母のために「冷やしきゅうり」を作りました。ボウルに氷をはってきゅうりをのせ、マヨネーズを添えて。体を冷やそうと知恵をしぼったのでしょう。嬉しそうに起きあがった母のパジャマ姿を覚えています。母に聞いたら、まったく覚えていませんでしたが（！）。

台所でのちまちま好きは成長するにつれ顕著になり、小学生の自由研究で開花します。たとえば、ゆで時間による違いを比較した「卵の不思議」。「カレーと体温」では、縄とびの二重とびを16回飛んだあとと、激辛カレーを食べたあとの体温上昇は同じと結論づけてみたり。なにかを調べて絵と文章で記録するのが大好きな子どもでした。あの頃から変わったことといえば、自由研究が職業へと駒を進めたことです。

ツイートをはじめてから今日までの10年間、結婚や出産など幸せなことだけでなく、家族の死や自身の体調不良などさまざまな出来事がありました。辛くて台所に入ることすらできなかった時期もあります。でも、安全で美味しいものを早く安く食べたければ、自分で作る以外にないのだと腹をくくったとき、料理がＳＮＳで見せるための〝修業〟の場から、命に栄養を吹き込む場へと戻ってきました。

「いい料理とは、不定形の自然力に対する体系（システム）の闘いである。おたま（必ず木製でなければならない！）を持って鍋の前に立つとき、自分が世界の無秩序と闘う兵士の一人だという考えに熱くなれ。料理はある意味では最前線なのだ……」（『亡命ロシア料理』／未知谷）

２０１７年に発売した単行本は、この引用とともに締めくくりました。今でも、毎朝お玉を手にして、おいしい味噌汁を作ってやろうと奮い立つ気持ちは変わりません。やるべきことは山のようにあり、しかし、そのやるべきことに支えられて、〝普通の戦士〟は背筋を伸ばしていられるのです。料理と出会わなければ、私は目覚めなかった。

３年前、無名の会社員に声をかけてくれたセブン&アイ出版の中島元子さん。文庫へとよみがえらせてくれた河出書房新社の佐野千恵美さん。解説を引き受けてくださった作家の柚木麻子さん。デザイナー、イラストレーター、校閲、販売チーム。そして、本を読んで下さった方々。ご縁が幾重にも連なり、こうして文庫ができあがりました。

心を込めて作った本は決して死なないこと。そして、人生は何が起きるか予測不能であること。この２つのことを知り、私は戦士として少し強くなったと思うのです。

２０２０年９月　寿木けい

解説

柚木麻子(ゆずきあさこ)

いきなり拙著の話で恐縮だが、2017年4月に出版した『BUTTER』(新潮社)という小説がある。殺人事件の被告の女性と、女性記者が拘置所で面会、グルメな被告が事件にまつわるさまざまなレシピやお店の知識を披露し、食べることにさして興味がない記者が命令されるがままに実際に作ったり食べに行ったりするうちに、それぞれの人生が大きく変わり出す。以前、料理雑誌の編集者さんがふと漏らしていた、少々、とか、ひとつまみ、ではダメ。レシピには調味料のきっちりした分量を記さないとクレームがくる、それくらい現代人は自分で決める塩梅というものを信用していない、というような話から思いついた、生きることに不安を抱える女性たちの物語である。書き始める時に、私がゴールに据えたのは、主人公の記者が心や体の声に耳を澄まし、自分のために料理を作れるまでに成長すること、である。

さて、彼女が到達するスキルとは具体的にどういったものを想定するべきか……?

真っ先に閃いたのが「きょうの140字ごはん」のつぶやきだ。私はずいぶん前から大ファンで、寿木さんがTwitterでシェアしてくれるレシピ（とよぶほどのものではない、と謙遜されるが、ひとまずこの言葉をあてさせていただこう）を日々呼吸するように作っている。

ちなみに、この解説を依頼された時点で、寿木けいさんの著作全三作は本棚のスタメンの位置に置かれていた。私が使っている読書灯は二作目『いつものごはんは、きほんの10品あればいい』（小学館）で紹介されている無印良品のコードレスライト。先週はニラとしょうがたっぷりの「うちのカレー」、昨日は「セロリの発酵あえ」を作った。この作品を読み返しながらも、さっそく「玉ねぎとニラのスタミナドレッシング」のためにニラを刻み、今晩は「柴漬けと白菜の餃子」か「包まない海老シュウマイ」どちらにしようか迷っているところである。

ごく短い文章で寿木さんの日々の食事の様子が描かれている。きっちりとした分量はほとんど記されていないのに、その通りに作れば何故かちゃんと成功する。忙しい毎日を送っているだろうに、寿木家の時間の流れはゆったりと感じられる。つぶやきには美意識と知性が行き渡っているけれど、いずれの工程も敷居が低く、疲れていてもやってみようという気持ちにさせられる。あと、これは心底凄いと思うのだが、器の選び方や季節の食材の使い方にいつもうっとりさせられるのに、見ているこちらがどんなに雑に暮らしていようと、コンプレックスや引け目をまったく感じさせない。

執筆中には漠然と、寿木さんとまではいかないにしても……、忙しい中でも食べたいものと向き合って自分のやり方で調理する力と知識、それをシェアできる心の余裕と優しさ。そういったものを、ほんのりとでもいいから主人公が身につけられたらいいな、と思っていた。

さて、『BUTTER』を出版してすぐ、驚くべきことが起きる。「きょうの140字ごはん」にこんなつぶやきが投稿されたのだ。

『【バター醤油ご飯】熱々のご飯に、冷たいバターをのせ、醤油をほんの少し。柚木麻子さんの『バター』を読んで、早く食べたくてたまらず…！　自炊できない環境では読んではいけない本です。』

寿木さんが拙著を読んでいる！　こちらのストーカー行為が筒抜けになっているような錯覚もおぼえて、ちょっと恥ずかしかったのだが、それはもう嬉しかった。同じく寿木ファンの友人がLINEで教えてくれたものだから「すごくない？　私、すごくない？」と鼻高々である。同時に『BUTTER』執筆時にさんざん格闘していたラストシーンが急に色やにおいを伴って立ち上がり、現実社会とパッとつながったようで、呆然としてしまったのである。というのも、まだ会ったことのない誰かとレシピを交換しながら生きていきたい、とヒロインが心から願うところで物語は終わるのだ。はからずも、私が寿木さんとレシピを交換した形になってしまったのである。

「きょうの140字ごはん」はSNSで読んでいてもブルーライト越しに気持ちの良い風がすっと心に入ってくるような文章だが、こうして活字で手元に引きとめておくと、よりいっそう彼女が気前よく分けてくれる贅沢が染み渡る。寿木さんのつぶやいたレシピを一度でも作ってみたり、胸に留めたことがある方なら、きっとわかるはずだ。そう、贅沢な気持ちになれるから、私は寿木さんの文章が好きなのである。それは、お金をかければ得られる豊かさなのではなく、本質的に彼女が惜しみない人だからだ。そのナチュラルボーンな気前の良さは、確実に読み手の人生に作用し、徐々にその人の周囲にまで浸透していく類いのものだ。寿木さんのレシピを作った後、いつもより他人に優しくなれたり、自分を上手に甘やかしてあげられた経験が、誰しもあるのではないか。日々惜しみなく放たれるレシピの数々は、きっちりした分量や時間を明記していない、彼女の内側から生まれた、五感を伴った言葉だからこそ、受け手の心に深く根を下ろす。そして脈々と受け継がれていくだろうことが私にはわかる。

万人に作りやすいレシピで台所を担う人々の負担を減らすことは、小林カツ代を始めとする、偉大なる料理研究家たちが挑戦しつづけた理想である。寿木さんはまったく新しい、彼女にしかできないやり方で、それを成し遂げている。軽やかに見えるが「きょうの140字ごはん」は革命だ。寿木さんに触発されて、これまで数値化、言語化できなかった自分だけのレシピを、恥ずかしさを乗り越えて、誰かに伝えようと試みた人は多いんじゃないかと思う。かくなる私がバター醬油ご飯なんてものを小説のネタにして、それを寿木さんに作っていただいたわけで……。ふと気づけば、それは、私が『BUTTER』の主人公に夢見させた世界、みんながひるまずに目分量のレシピを交換できる世界そのものなのである。

２０２０年のコロナ禍により、家庭内の労働は女性にばかりのしかかることがようやく可視化された。そんな中、自分の暮らしから生み出されたメソッドやレシピを勇敢にシェアすることはもはや社会貢献だ。世界をよりよくする連帯の一つの形だ。この本を開き、寿木さんに話しかけられながら調理する気分を味わう時、台所に立つ私たちはきっと一人ではないのである。

料理さくいん

野菜・果物

肉類

豚肉

魚介

赤かれい

青柳

あさり

アジ

イカ

イワシ

そのほか、ご飯、パン、麺など

甘いもの

お酒、おつまみ

本書は2017年にセブン&アイ出版より刊行された単行本を加筆・再編集し文庫化したものです。

イラスト　はやしはなこ

レシピとよぶほどのものでもない
わたしのごちそう365

二〇二〇年一一月二〇日　初版発行
二〇二四年一二月三〇日　12刷発行

著　者　寿木けい（すずき）
発行者　小野寺優
発行所　株式会社河出書房新社
〒一六二-八五四四
東京都新宿区東五軒町二-一三
電話〇三-三四〇四-八六一一（編集）
〇三-三四〇四-一二〇一（営業）
https://www.kawade.co.jp/

ロゴ・表紙デザイン　粟津潔
本文フォーマット　佐々木暁
本文組版　北風総貴
印刷・製本　中央精版印刷株式会社

落丁本・乱丁本はおとりかえいたします。

本書のコピー、スキャン、デジタル化等の無断複製は著作権法上での例外を除き禁じられています。本書を代行業者等の第三者に依頼してスキャンやデジタル化することは、いかなる場合も著作権法違反となります。

Printed in Japan ISBN978-4-309-41779-0

食いしん坊な台所

ツレヅレハナコ　41707-3

楽しいときも悲しいときも、一人でも二人でも、いつも台所にいた——人気フード編集者が、自身の一番大切な居場所と料理道具などについて語った、食べること飲むこと作ることへの愛に溢れた初エッセイ。

パリっ子の食卓

佐藤真　41699-1

読んで楽しい、作って簡単、おいしい！　ポトフ、クスクス、ニース風サラダ…フランス人のいつもの料理90皿のレシピを、洒落たエッセイとイラストで紹介。どんな星付きレストランより心と食卓が豊かに！

早起きのブレックファースト

堀井和子　41234-4

一日をすっきりとはじめるための朝食、そのテーブルをひき立てる銀のポットやガラスの器、旅先での骨董ハンティング…大好きなものたちが日常を豊かな時間に変える極上のイラスト＆フォトエッセイ。

アァルトの椅子と小さな家

堀井和子　41241-2

コルビュジェの家を訪ねてスイスへ。暮らしに溶け込むデザインを探して北欧へ。家庭的な味と雰囲気を求めてフランス田舎町へ——イラスト、写真も手がける人気の著者の、旅のスタイルが満載！

東京の空の下オムレツのにおいは流れる

石井好子　41099-9

ベストセラーとなった『巴里の空の下オムレツのにおいは流れる』の姉妹篇。大切な家族や友人との食卓、旅などについて、ユーモラスに、洒落っ気たっぷりに描く。

巴里の空の下オムレツのにおいは流れる

石井好子　41093-7

下宿先のマダムが作ったバタたっぷりのオムレツ、レビュの仕事仲間と夜食に食べた熱々のグラティネ——一九五〇年代のパリ暮らしと思い出深い料理の数々を軽やかに歌うように綴った、料理エッセイの元祖。

いつも異国の空の下

石井好子 41132-3

パリを拠点にヨーロッパ各地、米国、革命前の狂騒のキューバまで——戦後の占領下に日本を飛び出し、契約書一枚で「世界を三周」、歌い歩いた八年間の移動と闘いの日々の記録。

バタをひとさじ、玉子を3コ

石井好子 41295-5

よく食べよう、よく生きよう——元祖料理エッセイ『巴里の空の下オムレツのにおいは流れる』著者の単行本未収録作を中心とした食エッセイ集。50年代パリ仕込みのエレガンス溢れる、食いしん坊必読の一冊。

私の小さなたからもの

石井好子 41343-3

使い込んだ料理道具、女らしい喜びを与えてくれるコンパクト、旅先での忘れられぬ景色、今は亡き人から貰った言葉——私たちの「たからもの」は無数にある。名手による真に上質でエレガントなエッセイ。

人生はこよなく美しく

石井好子 41440-9

人生で出会った様々な人に訊く、料理のこと、お洒落のこと、生き方について。いくつになっても学び、それを自身に生かす。真に美しくあるためのエッセンス。

いつも夢をみていた

石井好子 41764-6

没後10年。華やかなステージや、あたたかな料理エッセイ——しかしその背後には、大変な苦労と悲しみがあった。秘めた恋、多忙な仕事、愛する人の死。現代の女性を勇気づける自叙伝。解説＝川上弘美

女ひとりの巴里ぐらし

石井好子 41116-3

キャバレー文化華やかな一九五〇年代のパリ、モンマルトルで一年間主役をはった著者の自伝的エッセイ。楽屋での芸人たちの悲喜交々、下町風情の残る街での暮らしぶりを生き生きと綴る。三島由紀夫推薦。

まいまいつぶろ

高峰秀子　41361-7

松竹蒲田に子役で入社、オカッパ頭で男役もこなした将来の名優は、何を思い役者人生を送ったか。生涯の傑作「浮雲」に到る、心の内を綴る半生記。

巴里ひとりある記

高峰秀子　41376-1

1951年、27歳、高峰秀子は突然パリに旅立った。女優から解放され、パリでひとり暮らし、自己を見つめる、エッセイスト誕生を告げる第一作の初文庫化。

にんげん蚤の市

高峰秀子　41592-5

エーゲ海十日間船の旅に同乗した女性は、ブロンズの青年像をもう一度みたい、それだけで大枚をはたいて参加された。惚れたが悪いか——自分だけの、大切なものへの愛に貫かれた人間観察エッセイ。

私のインタヴュー

高峰秀子　41414-0

若き著者が、女優という立場を越え、ニコヨンさんやお手伝いさんなど、社会の下積み、陰の場所で懸命に働く女性たちに真摯に耳を傾けた稀有な書。残りにくい、貴重な時代の証言でもある。

わたしの週末なごみ旅

岸本葉子　41168-2

著者の愛する古びたものをめぐりながら、旅や家族の記憶に分け入ったエッセイと写真の『ちょっと古びたものが好き』、柴又など、都内の楽しい週末“ゆる旅”エッセイ集、『週末ゆる散歩』の二冊を収録！

ひとりを楽しむ　ゆる気持ちいい暮らし

岸本葉子　41125-5

ホッとする、温かくなる、気持ちがいい……、これからは「ゆる気持ちいい」が幸せのキーワード。衣食住＆旅、暮らしの中の“ゆる”を見つけ、楽しく生きるヒント満載の大好評エッセイ集、待望の文庫化。

家と庭と犬とねこ

石井桃子　41591-8

季節のうつろい、子ども時代の思い出、牧場での暮らし……偉大な功績を支えた日々のささやかなできごとを活き活きと綴った初の生活随筆集を、再編集し待望の文庫化。新規三篇収録。解説＝小林聡美

プーと私

石井桃子　41603-8

プーさん、ピーター・ラビット、ドリトル先生……子どもの心を豊かにする多くの本を世に出した著者が、その歩みを綴った随筆集。著者を訪ねる旅、海外の児童図書館見聞記も。単行本を再編集、新規二篇収録。

みがけば光る

石井桃子　41595-6

変わりゆく日本のこと、言葉、友だち、恋愛観、暮らしのあれこれ……子どもの本の世界に生きた著者が、ひとりの生活者として、本当に豊かな生活とは何かを問いかけてくる。単行本を再編集、新規五篇収録。

新しいおとな

石井桃子　41611-3

よい本を、もっとたくさん。幼い日のゆたかな読書体験と「かつら文庫」の実践から生まれた、子ども、読書、絵本、本づくりをめぐる随筆集。文庫化にあたり再編集し、写真、新規原稿を三篇収録。

夫婦の散歩道

津村節子　41418-8

夫・吉村昭と歩んだ五十余年。作家として妻として、喜びも悲しみも分かち合った夫婦の歳月、想い出の旅路…。人生の哀歓をたおやかに描く感動のエッセイ。巻末に「自分らしく逝った夫・吉村昭」を収録。

季節のうた

佐藤雅子　41291-7

「アカシアの花のおもてなし」「ぶどうのトルテ」「わが家の年こし」……家族への愛情に溢れた料理と心づくしの家事万端で、昭和の女性たちの憧れだった著者が四季折々を描いた食のエッセイ。

おなかがすく話

小林カツ代　41350-1

著者が若き日に綴った、レシピ研究、買物癖、外食とのつきあい方、移り変わる食材との対話——。食への好奇心がみずみずしくきらめく、抱腹絶倒のエッセイ四十九篇に、後日談とレシピをあらたに収録。

小林カツ代のおかず道場

小林カツ代　41484-3

著者がラジオや料理教室、講演会などで語った料理の作り方の部分を選りすぐりで文章化。「調味料はピャーとはかる」「ぬるいうちにドドドド」など、独特のカツ代節とともに送るエッセイ＆レシピ74篇。

小林カツ代のきょうも食べたいおかず

小林カツ代　41608-3

塩をパラパラッとして酒をチャラチャラッとかけて、フフフフフッて五回くらいニコニコして……。まかないめしから酒の肴まで、秘伝のカツ代流レシピとコツが満載！　読むだけで美味しい、料理の実況中継。

ほんとのこと言えば？

佐野洋子　41601-4

絵本作家・エッセイストの佐野洋子を前にすると、誰もが丸裸にされてしまう。小沢昭一、河合隼雄、明石家さんま、谷川俊太郎、大竹しのぶ、岸田今日子、おすぎ、山田詠美、阿川佐和子との傑作対談集。

でもいいの

佐野洋子　41622-9

どんなときも口紅を欠かさなかった母、デパートの宣伝部時代に出会った篠山紀信など、著者ならではの鋭い観察眼で人々との思い出を綴った、初期傑作エッセイ集。『ラブ・イズ・ザ・ベスト』を改題。

黒猫ジュリエットの話

森茉莉　早川茉莉〔編〕　41572-7

「私はその頃、ボロアパートとJapoとを愛していた」「私は散歩の度、買い物度に抱き歩いて見せびらかしていた」大きな黒猫Japoとともに暮らした十四年間。森茉莉言葉で描かれた愛すべき猫たち。

私の部屋のポプリ

熊井明子　41128-6

多くの女性に読みつがれてきた、伝説のエッセイ待望の文庫化！　夢見ることを忘れないで……と語りかける著者のまなざしは優しい。

お茶をどうぞ　向田邦子対談集

向田邦子　41658-8

素顔に出会う、きらめく言葉の数々——。対談の名手であった向田邦子が黒柳徹子、森繁久彌、阿久悠、池田理代子など豪華ゲストと語り合った傑作対談集。テレビと小説、おしゃれと食いしん坊、男の品定め。

おばんざい　春と夏

秋山十三子　大村しげ　平山千鶴　41752-3

1960年代に新聞紙上で連載され、「おばんざい」という言葉を世に知らしめた食エッセイの名著がはじめての文庫化！　京都の食文化を語る上で、必読の書の春夏編。

おばんざい　秋と冬

秋山十三子　大村しげ　平山千鶴　41753-0

1960年代に新聞紙上で連載され、「おばんざい」という言葉を世に知らしめた食エッセイの名著がはじめての文庫化！　京都の食文化を語る上で、必読の書の秋冬編。解説＝いしいしんじ

ロッパ食談　完全版

古川緑波　41315-0

1951年創刊の伝説の食べもの冊子『あまカラ』に連載された「ロッパ食談」をはじめて完全収録。ただおもしろいだけじゃない、「うまいもの」「食べること」への執念を感じさせるロッパエッセイの真髄。

ロッパ随筆　苦笑風呂

古川緑波　41359-4

食エッセイで人気再燃の、喜劇王ロッパ。昭和日記も一級資料だが、活キチ（シネフィル）として世に出たあれこれ様々のエッセイも、痛快無比。「支那料理六景」など、飲食記も。

河出文庫

私、丼ものの味方です

村松友視　41328-0

天丼、牛丼、親子丼、ウナ丼……。庶民の味方「丼もの」的世界へようこそ！　行儀や窮屈とは程遠い自由な食の領域から、極上の気分が味わえる。ユーモラスな蘊蓄で綴るとっておきの食べ物エッセイ68篇！

下町呑んだくれグルメ道

畠山健二　41463-8

ナポリタン、うなぎ、寿司、串揚げ、もつ煮込みなど、下町ソウルフードにまつわる勝手な一家言と濃い人間模様が爆笑を生む！「本所おけら長屋」シリーズで人気沸騰中の著者がおくる、名作食エッセイ。

暗がりの弁当

山本周五郎　41615-1

食べ物、飲み物（アルコール）の話、またそこから導き出される話、世相に関する低い目線の真摯なエッセイなど。曲軒山周の面目躍如、はらわたに語りかけるような、素晴らしい文章。

食いしん坊

小島政二郎　41092-0

麩嘉の笹巻き、名古屋流スキ焼き、黄肌の鳥、桐正宗……、味を訪ねて西東。あまいカラいに舌鼓。うまいものに身も心も捧げた稀代の食通作家による、味の文壇交友録。

魚の水（ニョクマム）はおいしい

開高健　41772-1

「大食の美食趣味」を自称する著者が出会ったヴェトナム、パリ、中国、日本等。世界を歩き貪欲に食べて飲み、その舌とペンで精緻にデッサンして本質をあぶり出す、食と酒エッセイ傑作選。

天下一品　食いしん坊の記録

小島政二郎　41165-1

大作家で、大いなる健啖家であった稀代の食いしん坊による、うまいものを求めて徹底吟味する紀行・味道エッセイ集。西東の有名無名の店と料理満載。

著訳者名の後の数字はISBNコードです。頭に「978-4-309」を付け、お近くの書店にてご注文下さい。